Mike Boxhall

Der leere Stuhl

Mike Boxhall

Der leere Stuhl

Die Lehre – nicht der Lehrer

... EINE GESCHICHTE, DIE KEIN ENDE HAT.
DAS IST IHR LEBEN, NEHMEN SIE DARAN TEIL ...

Aus dem Englischen von Karin Hein

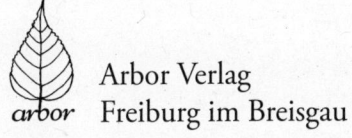

Arbor Verlag
Freiburg im Breisgau

In Liebe meiner Familie gewidmet

© 2012 Mike Boxhall
© 2014 der deutschen Ausgabe: Arbor Verlag GmbH Freiburg

Die Originalausgabe erschien unter dem Titel:
The Empty Chair. The Teaching not the T-Shirt with Mike Boxhall

Alle Rechte vorbehalten
1. Auflage 2015

Titelfoto: © Mike Boxhall
Lektorat: Lothar Scholl-Röse
Druck und Bindung: Westermann, Zwickau
Hergestellt von mediengenossen.de

Dieses Buch wurde auf 100 % Altpapier gedruckt und ist alterungsbeständig.
Weitere Informationen über unser Umweltengagement finden Sie unter
www.arbor-verlag.de/umwelt

www.arbor-verlag.de

ISBN 978-3-86781-132-3

Inhalt

Vorwort

Dies Buch entspringt zum Teil meiner Sinnsuche in meiner eigenen Ungewissheit, einer reichhaltigen Goldgrube an Material, und teilweise aus den Interaktionen mit vielen Hunderten von Studierenden, mit denen ich in den vergangenen 15 Jahren meine Ungewissheit mit der ihrigen teilte und auslotete.

Nach einigen Jahren in dieser außerordentlich lohnenden Beziehung ergab sich, dass ich ständig angegangen wurde, doch ein Buch zu schreiben. Ich spürte in mir einen tiefen und sturen Widerwillen dagegen, denn ich erlebte es so, dass die Arbeit, wie das Universum, nie feststeht. Doch die Studierenden zeigten sich ebenso stur und überredeten mich am Ende mit den Worten „Du bist jetzt 80, Mike, und wirst nicht ewig bei uns bleiben. Bitte hinterlasse uns etwas, woran wir uns halten können." Anscheinend war ich nicht sehr erfolgreich mit dem Lehren des Nicht-Festhaltens!

Also gab ich schließlich nach und versprach ein virtuelles Buch, dem ich alle zwei Monate etwas hinzufügen würde, ohne einen definitiven Abschluss im Blick. Dies findet sich im Internet unter *www.theemptychairteachingfoundation.com*. Bisher habe ich sogar jeden Monat etwas gepostet. Weil es *online* ist, kann ich auch alles, was ich gesagt habe, jederzeit wieder ändern. Wünschen wir uns nicht alle, dass wir das könnten?

Das Bitten und Betteln hörte aber nicht auf. Jetzt habe ich die weiße Fahne gehisst und *Der leere Stuhl* ist das Ergebnis. Mit den Website-Einträgen werde ich noch fortfahren, und wenn das lange genug geschieht, könnte es eines Tages einen zweiten Band geben – in der Essenz wie der erste von den Studenten geschaffen, und von der unglaublichen Synergie, die durch das Zusammenkommen entsteht.

Vor ungefähr vierzig Jahren, gegen Ende einer *Midlife-Crisis*, begann ich, Therapeut zu werden. Durch Ausbildung und dann Praktizieren, zuerst als Berater/Psychotherapeut, dann als Akupunkteur, dann als Craniosacraltherapeut, kam ich allmählich in den Körper, und entdeckte unterwegs, wie die scheinbar oberflächlichen Seinsschichten die inneren Schichten enthalten, und dass das, was auch immer im Innersten ist, nicht von der äußeren Form getrennt ist.

Ich fand, dass die kartesianische Spaltung von Körper/Geist (so wie ich Descartes' Theorie verstehe) nur von dem Blickwinkel aus bestand und gültig ist, wo der Intellekt schon abgespalten oder entkörperlicht ist. Ich habe herausgefunden, dass Wahrheiten vielfältiger Art in einem Kontext wahr sind und dann in einem anderen nicht notwendigerweise auch wahr sind. Das war eine große Entdeckung für mich und hat mich vermutlich ein wenig toleranter gemacht. „Wenn ich nur mit zwanzig gewusst hätte, was ich nun mit achtzig weiß!" ist ein Ausdruck dieses Gedankens.

Nachdem ich versuchsweise meine Zehen in den Ozean der Erfahrung, Lehre genannt, eingetaucht hatte und ganz munter Fortgeschrittenenkurse für Craniosacraltherapeuten und -therapeutinnen anbot, dämmerte es mir allmählich (und den Kursteilnehmenden wahrscheinlich zuerst), dass ich überhaupt keine Techniken von irgendetwas lehrte. Es kam zu einem gemeinsamen Praktizieren, und was daraus entstand, war eine Erforschung der Verkörperung des Geistes und die Entdeckung, dass unter den unzähligen Ausdrucksmöglichkeiten des Geistes, Gestalt anzunehmen, auch das war, was ich als „mich" bezeichne.

Jenes Gewahrwerden, dass ich gar keine inhärente Existenz habe außer einer, die sich aus anderen Begrifflichkeiten zusammenfügt, die aus sich heraus ebenfalls keine Existenz haben, ist eine gewaltige und zu Beginn erschütternde Erfahrung.

Vertrautheit erzeugt Geringachtung, sagt man, aber es ist vielleicht nützlicher, dass sie auch ein Gewahrsein darüber erzeugt, dass gerade in dieser Wahrheit die einzige uns mögliche Sicherheit liegt. Wenn ich nicht vom Universum getrennt bin, dann bin ich das Universum! Jedes Mal, wenn wir das zu einem Konzept machen und mit seiner Ungeheuerlichkeit ringen, haben wir's verloren. Mittagspause!

Ebenso allmählich wurde klar, dass niemand eine bestimmte Berufsbezeichnung braucht, um diese Arbeit zu machen, nur einfach das Verlangen, es zu wollen. Eine Liste der derzeitigen Studierenden würde fast alle Berufe beinhalten, die wir uns nur vorstellen können. Darunter sind Banker, Psychologinnen, Lehrerinnen, Hausfrauen, Ärzte, Hochschulstudenten, Bauern, Therapeuten, Dichterinnen, Tänzerinnen, Philosophen, Priester, Ölproduzenten, Künstlerinnen, Kurpfuscher, Schneider, Soldaten, Matrosen, Reiche, Arme, Bettler und, soweit ich weiß, sogar Diebe. Aber eben, wie Sie sehen, lehre ich ja keine Berufe. Ich gehe den Weg mit den Menschen gemeinsam, so gut ich kann.

Ich betrachte, wie diese Themen sich mir in meinem Leben enthüllt haben, und bitte Sie, den Weg zu größerer Achtsamkeit mit mir zu gehen und zu sehen, wie sich das in Ihrem eigenen Leben widerspiegelt.

Meine große Hoffnung ist, dass die Arbeit einigen von uns dazu verhilft, uns von der Entmächtigung, die unerkannte Gewohnheitsmuster in sich weiter tragen, zu befreien. Erst wenn wir von diesen Ketten befreit sind, können wir wirklich von Nutzen sein.

Da keine zwei Wege sich gleichen können, kann es auch keine didaktischen Übungen geben, doch vielleicht wird es Fingerzeige zum Mond geben. Bitte schauen Sie aber den Mond an, also das, was Sie erfahren, und nicht den zeigenden Finger, der das Konzept ist.

Im Jahr 2008 bekam ich von meiner Frau Barbara einen robusten Stuhl aus grob gezimmertem Holz, in einem Wald in West Sussex hergestellt, und so offenbarte sich der Titel des Buches. Der Stuhl ist auf dem Umschlag abgebildet. Es ist ein erstaunlich gemütlicher Zufluchtsort.

Der leere Stuhl –
Die Lehre, nicht der Lehrer

VORWORT VON JAMES LOW

Das Numinose lässt sich unmöglich beschreiben, doch es kann ein Geschmack hervorgerufen werden, der unsere Erfahrung durchdringt. Diese subtile Arbeit, das kaum Fassbare zugänglich zu machen, wird in den folgenden Kapiteln gut gelöst. Auf ganz entspannte, offene und geschickte Weise werden wir in die sich entfaltende Welt des direkten Erfahrens eingeladen. Mike Boxhall bringt die Fülle seiner Feinfühligkeit zum Ausdruck, indem er anhand von Geschichten, Versen, Vignetten und Abhandlungen den Weg aufzeigt, auf dem wir in unsere eigene Präsenz eingeladen werden können. Die Präsenz ist die Grundqualität des Lebendigseins, die unmittelbare Vitalität der Bewusstheit, die unsere gesamte Erfahrung trägt und enthüllt. Es ist keine Theorie, die verstanden werden kann, dennoch durchdringt sie alle Aspekte unseres Lebens. Vielleicht klingt das mysteriös, doch wie der Autor immer wieder aufzeigt, finden wir den Zugang zu unserer ewig freien Präsenz gerade durch unser Gewöhnlichsein, unsere Begrenzung und unsere Voreingenommenheiten. Der Weg zum Gegenwärtigsein im Hier und Jetzt findet sich nicht, wenn wir uns von den Geschehnissen abwenden. Wir müssen nichts Neues oder Ungewohntes tun, einfach nur uns selbst oder die Erfahrungen in unserem Leben beachten.

Dies mag abstrakt klingen, doch wenn Sie sich in die Seiten vertiefen, werden Sie Mikes warmherzigem Geist begegnen, wie er fördert und befähigt, einen Weg zum Kontakt mit uns selbst zu ebnen. Soweit ich sehe, ist das kein Buch *über* irgendetwas. Es versucht, weder Vertrauen aufzubauen noch irgendein Dogma zu vertreten. Es gibt nichts zu profitieren, außer einem größeren Gespür für Ihre eigene Präsenz, eine Präsenz, die Sie bereits haben.

Es gibt ein paar Parallelen zwischen dem Praktizieren einer Meditation und dem Lesen eines Buches wie diesem. Wir müssen uns dem gegenüber öffnen, was vor uns ist, und dann lange genug darin verweilen, damit wir empfangen können, was da ist. Natürlich müssen wir uns selbst treu bleiben und es auf unsere eigene Weise lesen, wenn wir spüren, dass uns einige Passagen stärker anziehen als andere. Es mag schon sein, dass unsere natürliche Auswahl vorrangig unseren eigenen Überzeugungen und Annahmen dient, also zur Bestätigung dessen, was wir wissen, anstatt etwas Neues zu entdecken. Das Beobachten unserer selektiven Mechanismen hilft uns gleichermaßen, etwas über uns herauszufinden wie über das Buch.

Die großzügige und ermunternde Atmosphäre des Buches wirkt auf den Geist wie eine sanfte Massage. Weniger Streben, größere Leichtigkeit, und in dem Maße, wie unsere bangen Besorgnisse von uns abfallen, werden wir wieder da sein, wo wir immer schon waren.

JAMES LOW

Einführung

Das Symbol des leeren Stuhls impliziert, dass die Lehre von Dauer ist. Sie ist immer da. In jeder Zeit und an jedem Ort wird jemand den Sitz einnehmen und die Wahrheit so klar und ehrlich verkünden, wie er oder sie dazu fähig ist.

Die Lehre, die wir meinen, ist jene Ausdehnung der Bewusstheit des Seins, die ich Spiritualität nenne.

Da die Worte die Sprache und die Erfahrung der Gegenwart reflektieren, wird es Resonanz geben. Die Resonanz ist ein Funke: Er hilft der Zündung oder Wiederentzündung des Gewahrseins, und die potenzielle Ausdehnung des Bewusstseins ist unendlich.

Zu verschiedenen Momenten der Geschichte hat der Funke eine Ausdehnung der Bewusstheit erweckt, die in Widerspiegelung zur Zeit, zum Ort, zum Raum und zur Gesellschaft, in der es zündete, unterschiedliche Formen angenommen hat. Wir scheinen uns jetzt in einer Periode schwach glimmender Kohle zu befinden, wo das Feuer erst wieder angefacht werden muss. Höchstwahrscheinlich sind wir an der Schwelle zum Zeitalter des Kollektiven und der Funke und das Gewahrsein, das er entzündet, müssen eher durch eine Zusammenarbeit entstehen als durch auferlegtes Diktat. Anders ausgedrückt lässt es sich beschreiben als ein *Praktizieren im Miteinander* statt eines neuen oder wiederbelebten *Dogmas*.

Solche Gedanken ermutigen mich, einen Pfad zu erkunden, aus einer mit Absicht persönlichen Perspektive, im Wissen, dass ich mich in keinerlei Verantwortung für den Prozess anderer wähne, sondern vertraue, dass eine laut von einer Person geäußerte Entdeckung anderen Menschen helfen mag, ihr Gewöhnlichsein und somit in der Tat ihre Relevanz wertzuschätzen.

Vieles von dem, was ich zum Thema Spiritualität lese, scheint eine Verneinung dessen zu fördern, wer wir sind, mit dem Wunsch, es durch ein anderes Modell aus anderer Zeit und anderem Ort zu ersetzen. Es scheint nahezulegen, dass Spiritualität nur in einer anderen Sprache und Kultur entstehen kann. Der Markt ist voll solcher Exotika, und wenn wir uns das leisten können, kaufen wir es. Das liegt in der Natur des Materialismus.

Meine rechte Hand meldet sich zum Eingeständnis, dass die beiden Meere, in die ich eingetaucht bin, die östliche und westliche Psychologie sind, wie sie aus ihren jüdisch-christlichen und buddhistischen Wurzeln Gestalt angenommen haben. Das ist meine Herkunft, Erstere durch Geburt und Letztere durch Überzeugung.

Beim Lesen dieses Buches mögen einige Teile tiefe Resonanz erzeugen, einige mögen irritieren, einige geben Rätsel auf, einige wiederum mögen sogar Ärger hervorrufen. Sie sind nicht einverstanden, und das macht Sie ärgerlich. Denken Sie über diese Aussage einen Moment nach: Nicht einverstanden sein *macht* Sie ärgerlich?

Sie könnten, falls Sie es wünschten, dies als wirkliche Chance nehmen, Ihre Aufmerksamkeit auszudehnen, indem Sie sich mit diesem Gefühl verbinden und wo im Körper es lokalisiert ist. Indem Sie es lokalisieren, haben Sie etwas, womit Sie arbeiten können. Es ist eine Empfindung; es repräsentiert nicht, wer Sie sind, sondern etwas, woran Sie arbeiten und was Sie loslassen können, falls es nicht nützlich ist. Dies gibt Ihnen unmittelbar die Gelegenheit, proaktiv zu sein, anstatt nur die Marionette Ihrer Empfindungen. Statt dass die Empfindung agiert, können Sie aus der Empfindung agieren. Das macht einen gewaltigen Unterschied in der Aussage.

Seien Sie vor allem sanft. Wenn wir die Gewohnheiten, die wir haben, bemerken und sie in Aktion beobachten, entsteht auch die Möglichkeit, diese Gewohnheiten loszulassen. Sich für eine Gewohnheit zu geißeln, fest entschlossen, sie um jeden Preis loszuwerden, ist nicht nützlich. Der Gewohnheit aggressiv zu begegnen, bedeutet doch nur, dass wir ihr eine massive Portion Energie zuführen. Sie bekommt erhöhte Aufmerksamkeit, und das wiederum gibt ihr Nahrung und sichert so ihr Fortbestehen. Meine Hoffnung besteht darin, dass die Arbeit einige von uns zur Freiheit von unerkannten Gewohnheiten und damit auch zu einer Wiederbefähigung führen wird. Wir können erst wirklich nützlich sein, wenn wir von solchen Ketten befreit sind.

Sich in die Stille begeben

Die Stille umgibt ein großes Geheimnis, in dem Sinne, dass sie kein Nicht-Tun ist und auch kein – irgendwie ausgedehntes – Vakuum, sondern nahezu das Gegenteil. Stille ist ein Zustand, in dem man genauestens wahrnimmt, was gerade geschieht, ohne sich damit zu identifizieren oder darin verwickeln zu lassen. Es ist eher ein Zustand des Bezeugens.

Die Stille ist nicht etwas, das wir tun. Es ist Sein – im Zentrum unseres wahren Selbst zu sein. Dies stille Zentrum ist in jedem von uns: Wir haben das mit dem Universum selbst gemeinsam. Dieser Ort in der Stille des Zentrums ist dynamisch.

Im stillen Punkt der sich drehenden Welt …
ist da, wo der Tanz ist.

T. S. ELIOT

In der Stille gibt es kein Leiden. Das Ende des Leidens findet sich in der Wiederverbindung mit dem Zentrum. Deshalb liegt die Aufgabe des Heilens darin, sich wieder in der Stille zu etablieren.

Es mag Zeiten geben, wenn wir uns einfach dem Gewahrsein hingeben, anstatt auf das zu reagieren, was vor sich geht, und dann entdecken wir, wie wir verführt wurden, uns mit einem Gedanken oder Gefühl zu identifizieren – sei es Agonie oder Ekstase. In solchen Momenten beobachten wir einfach nur *das* und werden zum Zeugen dessen, anstatt uns zu kasteien, weil wir vom Weg abgeirrt sind. Diese Tendenz, uns selbst zu ohrfeigen, wenn wir nicht perfekt sind, ist genau die Art Energie, die uns in Reaktivität und Unzulänglichkeit gefangen hält.

In der Stille bleiben

Von Zeit zu Zeit, sobald wir einmal einen konzeptionellen Weg zur Ganzheit begonnen haben, erfahren wir tatsächlich verkörpert einen Sinn vollständiger Präsenz, Stille und Freiheit. Wir haben das nicht geleistet, im Sinne einer herangebildeten Fähigkeit. Sie ist schon inhärent. Wir sind bloß genügend aus dem Weg gegangen, und erlauben die Enthüllung dessen, was tatsächlich der Ursprung unseres Seins ist.

Dann kommt etwas ganz Simples daher und wirft uns von dieser Rasiermesserschneide des ausgewogenen Seins herunter und wir beginnen wieder festzuhalten und im Rad herumzurennen wie ein Hamster. Es war immer so.

Das ist der Sinn des Praktizierens, das ist der Sinn einer Gemeinschaft von Menschen auf mitfühlenden Pfaden.

Im Verlaufe des Geschriebenen wiederhole ich mich recht häufig, besonders wenn ein wichtiges, starkes Bild eine Verstärkung gebrauchen kann. In den Klassen mache ich das auch und es geschieht mit Absicht. Unterschiedliche Menschen aus unterschiedlichen Lebensströmen schwingen in unterschiedlichen Ausdrucksweisen mit. Hoffentlich gibt es dann einen Aha!-Moment des Wiedererkennens, und es hat wirklich Klick gemacht. Ich habe für mich eine Menge gelernt, indem ich einfach darin hängen bleibe, bis die Bedeutung *wirklich* klar ist. Das ist etwas völlig anderes als das zustimmende Nicken zu einem Konzept, das jeder schon gehört hat. Gehört, ja, aber nicht verkörpert!

Jenseits der Stille

Während die Stille ein Zustand bleibt, in den wir hinein und aus dem wir herausfallen, während die Stille ein Objekt meiner Wahrnehmung bleibt, ist es nur das Konzept der Stille. Die Wahrheit der Stille verträgt nicht, darüber nachzudenken. Entweder ist sie oder sie ist nicht, und die Essenz der Stille ist vielleicht, wenn beides in Ordnung ist: Wenn wir sie zu einem Objekt des Begehrens machen, ist das vielleicht spiritueller Materialismus. Das Objekt des Materialismus hat sich von Schuhen zum Spirituellen verlagert; das Subjekt hat sich nicht gewandelt.

Der Zweck, warum ich dies schreibe, besteht darin, diese Konzepte auf Erfahrung beruhend auszuloten; zu sehen, wie wir ständig Gewöhnungen Vorschub leisten, die uns unserer Kraft berauben; uns bewusster zu werden, mit was aus Vergangenheit und Zukunft wir uns identifizieren, das uns abhält, präsent zu sein, und indem wir bewusst werden, die Möglichkeit des Aufwachens zuzulassen.

Es gibt nirgends hinzugehen, alles ist an Ort und Stelle, es gibt nur das Bedürfnis, wach zu werden.

Der Titel *Der leere Stuhl* stammt von einem buddhistischen Konzept. Während seiner Lebenszeit bat der Buddha seine Gefolgschaft, keine Bilder zu seinem Andenken zu schaffen. Eine ganze Anzahl von Jahren wurde dieser Wunsch befolgt, aber im Laufe der Zeit, so ist das allzu menschliche Bedürfnis, ein Objekt für die Liebe zu haben, anstatt selbst zur Liebe zu werden (was in der Tat das Endziel seiner Lehre ist), wurde der Stuhl, das Sandalenpaar oder das Symbol, das zuerst zur Kennzeichnung seiner Lehren diente, nach und nach durch Statuen ersetzt, mit Resultaten, die nun überall sichtbar sind.

Viele Buddhisten erkennen noch, dass die Statuen wie ein Spiegel den essenziellen Ausdruck des voll entwickelten menschlichen Lebens darstellen, aber viele andere und sicherlich sehr viele Nicht-Buddhisten betrachten die Statue an sich als Objekt der Anbetung.

Es schien mir, dass das Bild eines leeren Stuhls sehr gut die Lehre des Buddha repräsentiert, und dass solch ein Bild die Essenz aller Lehren zur Spiritualität sein könnte. Daoisten mögen das umformulieren und sagen, was zählt, ist die Lehre, nicht der Lehrer. Die Wahrheit dieser Art Lehre ruht in ihren Wirkungen, in der Transformation, die sie dem Hörer bringt, nicht in der Persönlichkeit des Lehrers.

Wenn Sie das Buch erforschen, wird es, so hoffe ich, klar werden, dass die Lehre im Grunde ein Gruppenprozess, und vielleicht eine Enthüllung ist. Ich vergleiche die Arbeit oft mit der Zubereitung eines Wintereintopfs. Der Geschmack und Nährwert des Eintopfs wird in großem Maße von dem Wesen und der Qualität dessen bestimmt, was hineinkommt. Wenn das Vertrauen in die Gruppenenergie wächst, werden allmählich sogar die schüchterneren Mitglieder befähigt, gute Köche zu werden. Der Zweck der Gruppen liegt darin, die Spiritualität in verkörperlichter Erfahrung zu ergründen, im Verständnis, dass das Geistige nicht irgendwo anders ist oder etwas, das man leisten müsse, sondern die Essenz eines jeden von uns genau hier und jetzt. Zur vollen Erkenntnis dessen zu kommen, kann es nötig sein, dass ich einige ziemlich kristallisierte und starrsinnige Ansichten über das Selbst und woraus es bestehen mag, aufgebe. „Aufgeben" ist in diesem Kontext, wenn richtig angewandt, ein gutes Wort. Dies Loslassen hat nichts mit dem Befolgen von Anordnungen zu tun: Es resultiert aus dem Erkennen von Gewohnheiten, an denen ich festhalte, und auf die ich freiwillig verzichte.

Das Lernen kommt weitgehend aus den eigenen Lebenserfahrungen der Studierenden. Die Menschen hören ihre eigenen Geschichten und die von anderen, manchmal mit deutlicher

Ehrfurcht. Oft hören und betrachten sie ihre eigene Lebensgeschichte zum ersten Mal im Leben. Aus dem Hören gelangen sie zur Selbstheilung, indem sie das Trauma, das sie selbst aufrechterhalten und sich so um die eigene Kraft bringen, voll und ganz anerkennen und dann loslassen.

Die Lehre selbst, die, wie wir bereits andeuteten, immerwährend ist, nimmt zu verschiedenen Zeiten, an verschiedenen Orten, in verschiedenen Kulturen entsprechend Gestalt an.

Die Menschen

Die Gruppen bestehen üblicherweise aus 16 bis 20 überwiegend Einzelpersonen, gelegentlich auch Paaren, aus ganz Europa, Amerika und manchmal weiter entfernt. Sie haben alle möglichen Gründe, zu den Zusammenkünften zu kommen. Ich vermute da einen gemeinsamen Kern bei der Suche nach Sinn, nicht nur einfach die Befriedigung des Bedürfnisses nach einer nebulösen „Verbesserung". Die gemeinsame Grundlage, die ich andeute, ist nicht immer offenkundig und mag Tage, Wochen oder sogar Jahre brauchen, bis sie an der Oberfläche auftaucht, wo sie artikuliert werden kann. Die Menschen kommen aus ganz unterschiedlichen Verhältnissen. In der frühen Zeit waren es großenteils Therapeuten und Therapeutinnen bestimmter Richtungen, aber heutzutage geht die Erwägung und Absicht dahin, sich nicht exklusiv und ausschließend zu gruppieren, sondern jedweden willkommen zu heißen, der motiviert ist. Wir versuchen die Haltung des „besser als" gegenüber dem, wie andere arbeiten, zu vermeiden. Es gibt keine Hierarchie an Errungenschaften – hoffe ich! Das sehr spürbare Ergebnis einer solchen Haltung ist, dass niemand in Konkurrenz zu seinen oder ihren Mitstudenten tritt – alle leuchten. Ich habe keine Zweifel, dass, wenn wir eine Vorstellung hegen, wie etwas oder jemand sein sollte, siehe da, es dann auch so vorgefunden wird. Auf jeden

Fall sind das Wie, das Was und das Warum alle auf ihre Art Einschränkungen, deshalb versuchen wir, ohne sie zu arbeiten.

Die Arbeit

Der Zweck der Gruppen besteht darin, die Spiritualität als durch den Körper gelebte Erfahrung zu erforschen, zusammen mit der Erkenntnis, dass der Geist nicht irgendwo anders ist, oder etwas, was es zu erreichen gilt, sondern vielmehr die Essenz eines jeden von uns, genau hier und jetzt. Um dahin zu gelangen, muss ich vielleicht einige kristallisierte und hartnäckige Ansichten über das Selbst aufgeben. „Aufgeben" ist in diesem Kontext ein gutes Wort – es ergibt sich aus dem Erkennen der Gewohnheitsmuster, an denen ich festhalte, und auf diese dann freiwillig verzichte, nicht aus dem Befolgen von Anordnungen.

Die Methode

Ein Arbeitstag verläuft etwa wie folgt:

- **09.30 – 10.00 Uhr** Meditation. Ungeleitet und in Stille. Erklärungen zu Zweck oder Methode der Meditation werden bei Bedarf gegeben.

- **10.00 – 11.30 Uhr** Normalerweise hält der Lehrer (in diesem Fall ich) einen Vortrag zu einem relevanten Thema, in Übereinstimmung mit dem, was in der Gruppe gerade vor sich geht – als Entfaltung der Gedanken, die in jüngster Zeit zum Ausdruck kamen. Es kann auch direkte Antworten auf von Teilnehmenden eingebrachte Fragen geben.

- **11.30 – 12.00 Uhr** Pause. Davon gibt es ziemlich viele. Sie bieten Raum zum Verdauen, was immer da aufsteigen mag; sie können auch eine Gelegenheit bieten, Schokokekse und Kuchen zu essen! Nicht unerheblich ist, dass Pausen auch einen Thema- und Stimmungswechsel fördern, wo das angebracht ist.

- **12.00 – 13.00 Uhr** Handkontakt, paarweise, normalerweise liegt ein Partner auf der Behandlungsliege, der andere nimmt die Position des Behandlers ein, entweder sitzend oder stehend. Immer voll bekleidet.

Die Berührung ist ganz leicht, der Kontakt so behutsam wie möglich, und die Absicht, die im Voraus und von Zeit zu Zeit wieder erklärt wird, besteht einfach darin, anzunehmen, was sich zeigt, ohne jede Interpretation oder Reaktion. Unser Ausgangspunkt ist, dass gehört zu werden bedeutet, geheilt zu werden, da so wenige von uns je richtig gehört werden, fast nie ohne Urteile oder Ratschläge, und dieses tiefe Hören zutiefst heilt. Das ist die Theorie und das ist die Erfahrung, meine eigene und die anderer, die aus ganzem Herzen das Bedürfnis, etwas *tun* zu müssen, aufgeben konnten!

Einige Personen möchten den Kopf halten, andere fühlen sich wohler mit den Füßen, noch anderen möchten einfach sanft eine Hand auf die Brust oder den Rücken legen. Eigentlich spielt es keine Rolle, wenn wir die Haltung haben, dass die Berührung einer Stelle die Berührung des Ganzen ist. Mir ist lieber, wenn die Behandler sich auf die Stille konzentrieren, aus der heraus sie an den „Klienten" herangehen, anstatt sich zu fragen: „Wie kann ich dieser Person helfen?"

- **13.00 – 15.00 Uhr** Mittagessen und Spaziergang oder Ausruhen.

- **15.00 – 15.30 Uhr** Meditation.

- **15.30 – 16.30 Uhr** Sprachlicher Austausch über das in der Sitzung Erfahrene, von beiden Partnern. Dies ist so wichtig. Für viele Teilnehmende ist es das erste Mal, dass sie ihre eigenen Lebenserfahrungen laut ausgesprochen hören, oder sich auch nur erlauben, damit überhaupt in Verbindung zu kommen. Es kann auch sehr ergreifend sein.

- **16.30 – 17.00 Uhr** Pause

- **17.00 – 19.00Uhr** Wiederholung des Zyklus von Sitzung und Feedback, die Partner tauschen ihre Rollen.

Die Zeiten sind nur als lockere Anhaltspunkte genannt, in Wirklichkeit wechselt der Fokus flexibel dahin, wo er im Moment gebraucht wird. Die Gesamtstruktur bleibt wie aufgeführt, aber die Zeiträume für diese oder jene Aktivität können schwanken.

Zu Beginn finden viele die nötige Konzentration schwierig, während des Gruppenaustausches/Feedbacks präsent zu bleiben; es passiert sehr leicht, dass wir jemanden mental beschuldigen, „herumzusülzen". Aber wenn es allmählich dämmert, dass das, was gehört wird, nicht nur die Lebensgeschichte einer einzigartigen Person ist, sondern auch die Geschichte eines menschlichen Wesens, der Spezies Mensch, dann entsteht eine starke Aufmerksamkeit – ein Erkennen, dass die Geschichte dieser Frau auch meine Geschichte ist. Nach und nach nehme ich Besitz von einer erweiterten Sicht dessen, wer ich wirklich bin, und das ist nie langweilig!

Der Kursleiter braucht die Geschichten nicht weiter zu kommentieren, außer bei Gelegenheit in allgemein verständlicher Sprache eine Interpretation anzubieten. Alles, was verlangt wird, ist, dass er oder sie ein sauberer Spiegel sein sollte. Die Potenz dieser Art von Arbeit liegt nicht in der Belesenheit des Lehrers, sondern in der Synergie der Gruppenenergie. In Wahrheit macht die Arbeit die Arbeit.

Ich ziehe vor, von arbeitender Intelligenz anstatt vom Intellekt zu sprechen. Dies mag nicht sehr linkshirnig von mir sein, aber es scheint wirklich in allen Gesellschaften ein mystisches Erkennen zu geben, dass, wenn die Getrenntheit des Ich/mir zeitweilig aus dem Weg geräumt ist, eine Gemeinschaftlichkeit gehört werden kann, ein Feld aus inneren, äußeren und allen Punkten zwischendrin, das ich Intelligenz nenne.

Dieser Stimme, dieser Enthüllung kann wie keiner anderen Erfahrung vertraut werden, aber vertrauen heißt, von der Klippe zu fallen, und nicht, über Loslassen nachzudenken und sich dabei an einen Busch am Abgrund zu klammern.

In den folgenden Kapiteln gibt es viele Beispiele von Einsichten, die sich im Verlauf solcher Arbeit ergeben können.

Es ist kein Buch über Buddhismus, zumindest bestimmt nicht buddhistisches Dogma, sondern es versucht, (vielleicht zuweilen etwas irrational) dem nachzugehen, wie der Buddhismus sich im einundzwanzigsten Jahrhundert durch die Arbeit einer Gruppe Menschen ausdrückt, deren einzige Gemeinsamkeit darin besteht, dass ihre Wege sich um den besonderen Angelpunkt ihres Lehrers gekreuzt haben.

Der Lehrer ist sterblich, unbeständig und mehr oder weniger ans Ego gebunden. Diese beiden Aussagen bilden nicht notwendigerweise einen Widerspruch: Es ist dem Lehrer möglich, genügend aus dem Weg zu gehen, für den Moment genügend unbelastet von seinem Ego, sodass die Lehre ungehindert herausfließen kann. Dann können alle, der Lehrer und die Studierenden, lernen. Es ist wahrhaftig eine gemeinsame Praktik.

Die Arbeit lässt sich nicht als Rundum-Paket anbieten. Spiritualität ist nicht klarer umrandet, als es das Universum ist. Sie drückt sich, wie das Universum, fortlaufend in verschiedener Gestalt aus, und wir müssen dem gegenüber nur gegenwärtig bleiben, es aber nicht organisieren, was das Bestreben des Intellekts ist.

Deshalb hat dieses Buch auch keinen sequenziell geordneten Handlungsstrang. Die Kapitel sind eher Reflexionen dessen, was tatsächlich zu einem gegebenen Zeitpunkt und an einem gegebenen Ort war, nicht die Entwicklung eines dogmatischen Konzeptes.

Das Geschlecht ist in dieser Arbeit nicht ausschlaggebend, obwohl das maskuline und das feminine Prinzip wichtig sind, ganz gleich, ob sie in einem Mann oder einer Frau manifestiert sind.

Sie werden in einem eigenen Kapitel zu diesem Thema behandelt. Im Allgemeinen, um die umständliche Handhabung der Pronomen zu „sein/ihr" zu vermeiden, benutze ich etwas willkürlich mal das eine und mal das andere. In allen Fällen so zu verstehen, dass jedes das andere mit enthält. Scheint ganz nett, das so zu sagen.

Wir haben entdeckt, dass Transformation nicht dadurch entsteht, dass die Ungewissheit in Krieg mündet, was nur dazu dient, sie mit der Energie der Aufmerksamkeit zu nähren, sondern dadurch, dass wir die Unsicherheit als Segen annehmen, weil sie uns auf Dauer in der intimen und ewigen Gegenwart hält. Nur in der Gegenwart können wir wahrhaft proaktiv sein: Woanders als in der Gegenwart zu sein, bedeutet reaktiv sein. Ständig in der Gegenwart zu sein, ist wahrhaftes Lebendigsein.

Was immer unsere Lebensspanne ist, der eine Aspekt von uns, der darin beständig anwesend ist, ist der Körper. Ich meine nicht nur die Muskeln und die Knochen und die Verdauungsorgane und den Kreislauf; alle sensorischen Mechanismen, mit denen wir Gedanke, Wort und Tat zustande bringen, sind Bestandteile dessen, was den Körper ausmacht. Der Körper ist nicht nur ein Ding, das zu Verschleiß neigt und uns Probleme macht; er ist auch die Wahrnehmung all dessen. Die große Botschaft, gewiss von Jesus und die des Buddha, ist doch, dass sie im Körper waren – so wie wir es sind!

Die erste Hälfte meines Lebens verbrachte (vermutlich ein treffendes Wort) ich als Soldat und Geschäftsmann. Darum geht es in diesem Buch aber nicht, außer zu erkennen, dass sich die zweite Hälfte aus solchem Kompost herausschält. Wir neigen dazu, die Anteile unseres Lebens, die uns nicht mehr passen, zu begraben oder wegzuwerfen, aber die Anteile, die wir wollen, existieren gar nicht ohne die, die wir nicht wollen. Das Geheimnis ist, voll und ganz zu *sein*, nicht das Ablehnen.

Diese zweite Phase meines Lebens hat weniger Ziele und ich bin zufrieden damit, dass es sich weitgehend entfaltet, im Einklang mit der Arbeit, die durch Interaktion mit einer weiter werdenden Gruppe von Studenten und Studentinnen in vielen Ländern stattfindet. Jeder Studierende bringt Lebenserfahrung mit und die Erfahrung wird wertgeschätzt, sogar falls und wenn sie unbequem ist, und aus der Anerkenntnis des Wertes entsteht die Fähigkeit, zu verdauen und sich weiter zu bewegen. Demnach geht es bei der Arbeit darum, eine Form der Praxis zu entwickeln, die funktioniert, im besten Falle zur Transformation der Unsicherheiten in das Gold, das die Alchemisten suchten, nicht das Narrengold der Bereicherung und Gier, wie man ihnen das volkstümlich unterstellte.

Theoretisch lässt sich die Arbeit allein vollbringen und es gibt leuchtende Beispiele im Verlauf der Geschichte, lebendige Zeugen dieser Möglichkeit. In einer Zeit wie der heutigen, wo jeder Erfolg an Anhäufungen materieller Dinge dieser oder jener Art gemessen wird, gibt es tiefe Fallgruben. Wir neigen dazu, die Wirkung einer Lehre nicht danach zu bemessen, wie sie das Leben berührt, sondern eher, wie viele Studenten und Studentinnen sie anzieht und wie viel Geld zusammenkommt. Es scheint mehr denn je wesentlich, dass drei Zutaten vorhanden sind: erstens, die Sehnsucht nach Veränderung; zweitens, ein Lehrer, dessen eigene Erfüllung nicht vom Lob seiner Schüler und Schülerinnen abhängt; und drittens, eine Gruppe oder Gemeinschaft von weiteren Suchenden, die vielleicht nichts anderes gemeinsam haben als die Lehre, um miteinander zu reisen. Ohne Gemeinschaft, und ich spreche aus meiner eigenen Erfahrung, ist das Ego mächtig clever, uns über unseren Fortschritt hinters Licht zu führen.

„Meine Lehrerin ist besser als deine; sie ist so viel profunder. Sie lehrt in 30 Ländern und hat 40.000 Studenten." Diese und ähnliche Aussagen haben nichts mit Spiritualität zu tun. Sie sind Ausdruck dessen, was Chögyam Trungpa den spirituellen Materialismus nannte. Die Tatsachen sind unbenommen. Die Arbeit mag lebensfördernd sein. Die Aussage kommt jedoch vom Ego.

Insgesamt vermeide ich technische oder fremde Ausdrücke soweit möglich und werde versuchen, zu einer Art Zusammenfassung der

Lehre zu kommen, so wie sie in diesem Körper, im einundzwanzigsten Jahrhundert, im Alter von 80-plus zu erfahren war. Enthüllung des Geistes, im Körper erfahren, ist das Thema des Buches. Lassen Sie uns den Weg gemeinsam gehen ...

Die Arbeit findet so Ausdruck, wie der Körper das in der heutigen Zeit darstellt, auf einem westlich-kulturellen Hintergrund. Das macht nichts besser oder schlechter, es macht es einfach wirklich und präsent und für jeden verfügbar, der diese Parameter akzeptiert. Die Möglichkeit ist da, für Menschen guten Willens aus anderen Kulturen, aus ihrer eigenen verkörperten und gegenwärtigen Erfahrung für sich selber Schlüsse zu ziehen. Wir befürworten keine Bestrebungen, Spiritualität durch Kleidung und Verhalten und andere Sprachen erlangen zu wollen. Das Sammeln von Konzepten, die keine Verbindung zur Erfahrung im Körper haben, ist nicht vorteilhaft, es mag tatsächlich eher einige Nachteile mit sich bringen, da Konzepte die Tendenz haben, nach einer Weile in „Stein gemeißelt" und für die Wahrheit gehalten zu werden. In den folgenden Kapiteln bemühe ich mich, spezielle Begriffe jeder Art zu vermeiden. Ich vertrete die Ansicht, dass ein Konzept, das sich nicht in gängiger Umgangssprache ausdrücken lässt, uns einlädt, einem exklusiven Klub beizutreten, und das möchte ich vermeiden. Ich verstehe durchaus, dass eine technische Sprache, die zeitsparende Kürzel bietet, in einigen Berufsfeldern oder Modalitäten nützlich ist. Ich plädiere aber dafür, dass dies zum Ausdruck eines volleren Menschseins nicht erforderlich sei.

Ich glaube, wenn der Leser und die Leserin sich durch diese Einführung ein mentales Bild davon verschafft, was in den *Retreats* vor sich geht, dort stattfindet, werden die folgenden Kapitel einen besseren Kontext haben.

All meine Erfahrung sagt mir und verstärkt ständig die Wahrnehmung, dass das Arbeiten mit der Intelligenz im und außerhalb des Körpers das Werk, das wir tun, exponentiell beschleunigt. Was ich am meisten daran liebe, ist zu sehen, wie sich die Menschen durch ihre eigenen inneren Reisen verändern und transformieren, nicht dadurch, dass man ihnen sagt, wie sie sein sollten. Ersteres ist wirkliche Ermächtigung; Ratgeben, wie freundlich auch immer, wirkt entmächtigend.

Wir lernen keine Therapie, sondern modifizieren und erweitern unsere Herangehensweise an das Leben, durch das Anwachsen der Bewusstheit um seine Quelle, genau im Herzen dessen, wer wir sind.

Die Lehre, nicht der Lehrer

„Die Lehre, nicht der Lehrer" ist ein Konzept, das mir seit Langem lieb und teuer ist. Das hier Niedergeschriebene stammt zum Teil aus meiner Suche nach Bedeutung in meiner eigenen Unsicherheit, einer echten Goldgrube an Material, und zum Teil aus der Interaktion mit mehreren Tausend Studierenden, mit denen ich in den vergangenen fünfzehn Jahren meine Unsicherheit geteilt und gemeinsam mit der ihrigen erkundet habe.

Allmählich wurde deutlich, dass die Menschen keine bestimmte Berufsbezeichnung brauchen, um diese Arbeit tun zu können, es genügt die Sehnsucht danach, es zu tun. Eine Liste derzeitiger Studierender würde die meisten Berufe umfassen, die man sich vorstellen kann, und einige ganz unwahrscheinliche. Aber eben, ich lehre keine Berufe. Ich gehe den Weg mit den Menschen, so gut ich kann.

Wir haben entdeckt, dass Transformation nicht daher rührt, die Unsicherheit in Krieg münden zu lassen, was nur dazu dient, dem Krieg Aufmerksamkeitsenergie zuzuführen, sondern daher, die Unsicherheit als Segen anzunehmen, die uns für immer in der intimen und ewigen Gegenwart bewahrt. Nur in der Gegenwart können wir wahrhaft proaktiv sein; woanders als in der Präsenz zu sein bedeutet reaktiv sein. Konstant gegenwärtig sein bedeutet wahrhaft lebendig sein.

Vor etwa zwanzig Jahren hörte ich einen Ausspruch von William Sutherland, Begründer der Osteopathie und großer Visionär, mit

Sicherheit seiner Zeit um einiges voraus, der sagte, als verschiedene Rhythmen im Körper besprochen wurden, die nicht mit den medizinisch akzeptierten Rhythmen von Herz und Lunge zu tun hatten, dennoch aber fühlbar waren: „Du kannst der Tide vertrauen." Nachdem ich einmal angenommen hatte, was er, wie ich dachte, mit dieser scheinbar harmlosen Aussage meinte, war ich geködert und verbrachte die folgenden fünfzehn Jahre oder so damit, diese fünf Wörtchen zu studieren, und die Implikationen der Existenz der Intelligenz, die nicht dem Intellekt unterworfen ist. Ich fahre heute mit anderen fort, mit diesen Implikationen zu arbeiten, nicht nur innerhalb der Körperarbeit dieser oder jener Richtung, sondern auf das Leben angewendet, wie wir es leben.

Auf alle obigen erwähnten Punkte wird im Folgenden weiter eingegangen und wir werden näher ausführen, wie wir zu relevanten Schlussfolgerungen kommen. Es wird auch Theorie geben, es wird über Übungspraxis berichtet und es wird, hoffentlich, eine Menge Arbeit geleistet werden. Sie sind eingeladen, mitzumachen und wenigstens teilweise einige der unverdauten Informationen und Reaktivität aufzugeben, mit denen wir uns alle identifizieren, im Gegenzug für eine enthüllte Wahrheit. Sie ist nur wahr, wenn sie verkörpert ist und nicht einfach nur als Konzept des Intellekts verbleibt.

Was ich, oder sonst jemand, nicht tun kann, ist Ihnen sagen, wie Sie sein sollten! Ich kann das unmöglich wissen, und eine „Ratgeber-Fibel" zur Spiritualität wäre eine Zumutung. Was ich von diesen Gesprächen erhoffe, ist, dass sie als Spiegel dienen mögen, in denen Sie die Resonanz Ihres eigenen Seinsausdrucks erkennen und, durch Reflektieren der Bemühungen anderer zu größerer Freiheit, einen Weg finden, einige der Ketten loszulassen, die Sie, wir alle von uns, mit uns herumschleppen. Meine eigene Erfahrung sagt mir, dass ein gewisses Maß an Eintauchen in das, was von innen aufsteigt, erforderlich ist, weniger eine Analyse der Worte.

Es gibt weder Erfolg noch Versagen, es gibt keinen Silberpokal oder Prämien, es gibt nur die Ausweitung des Bewusstseins. Der

Preis, vielleicht der Überraschungspreis, ist die Entdeckung der Klarheit dessen, wer Sie wirklich sind, und dies ist unbezahlbar. Es übersteigt auf jeden Fall den Verstand.

Bitte kommen Sie mit mir auf diese Erkundung. Ich halte sie für der Mühe wert. Ich hoffe, dass Sie das auch finden.

1

Tiefer in die Stille

Ich handle nicht, und das Volk wandelt sich von selbst.
Ich liebe die Stille, und das Volk wird von selber recht.
Ich habe keine Geschäfte, und das Volk wird von selber reich.
Ich habe keine Begierden, und das Volk wird von selber einfach.

TAO TE KING, 57
(ÜBERSETZT VON RICHARD WILHELM)

Ein Wort, um das sich alles in dieser Arbeit dreht, ist die
„Stille". Ich führte die Stille in den 1980ern ein, um als roter
Faden der Lehre zu dienen, als eine Art Eckstein, der alles zusam-
menhält. Es ist daher kein Zufall, dass das Wort „Stille" in diesem
Buch eine überragende Rolle spielt.

Mit dem Gedicht aus dem *Tao Te King* am Anfang dieses
Kapitels bezwecke ich zweierlei. Zum einen die Anerkenntnis
der Bedeutung der Stille als Konzept und als Erfahrung in all
meiner Arbeit, und zum anderen, um der daoistischen Philosophie die Ehre zu erweisen, die ebenso wie das Zen meine eigene
Entwicklung stark geprägt hat.

Nun gehe ich auf die Empfindungen ein, die in dem Gedicht oben ausgedrückt sind, und wir erkunden, wie die Aussage „ich handle nicht" Relevanz für das spirituelle Wachstum erhält. Es kommt etwas Theorie und einiges Feedback von den Praktizierenden, und hoffentlich eine Menge Arbeit, die Sie und ich gemeinsam tun. Ich bin überzeugt, dass wir Konzepte in die Praxis umsetzen müssen, um sie wahr werden zu lassen. Sie sind eingeladen, sich zu beteiligen und wenigstens teilweise einige der unverdauten Informationen und der Reaktivität hinzugeben, mit der wir uns alle identifizieren, im Gegenzug für eine enthüllte Wahrheit. Sie ist nur wahr, weil sie verkörpert ist und nicht nur als intellektuelles Konzept verbleibt. Ich wage zu behaupten, dass die Welt ein besserer Ort wäre, wenn wir mit ganzen Herzen in diese Arbeit einsteigen würden. Die Wahrnehmung ist die einzige Wirklichkeit, die wir haben. Die Welt ist völlig neutral; wie wir sie wahrnehmen, das ist die Wahrheit.

Was wir in diesem Buch nicht wollen, ist Ihnen vorschreiben, wie Sie sein sollten! Das kann ich unmöglich wissen, deshalb wäre jeder Versuch, eine solche Struktur aufzuerlegen, eine Unverschämtheit. Vielmehr hoffe ich, dass die Lektüre des Buches als Spiegel dient, in dem Sie Echos Ihres eigenen Seinsausdrucks finden, und indem Sie über das Ringen anderer um größere Freiheit reflektieren, einen Weg finden mögen, einige der Ketten loszulassen, die wir, Sie, alle von uns mit uns herumtragen. Was uns abverlangt wird, das sagt mir meine eigene Erfahrung, ist eher, dass wir uns bis zu einem bestimmten Grad auf das einlassen, was von innen aufsteigt, und weniger eine Analyse der Worte.

Ich erinnere mich an eine Diskussion mit den „älteren Hasen" unter meinen Studenten und Studentinnen in North Carolina, ob wir die Arbeit zu einer Reihe von titelartigen Schlagwörtern kondensieren könnten, um Bezugspunkte zu haben. Das schoben wir eine Weile hin und her, bis wir ungefähr ein Dutzend zusammenhatten. Diese bilden, mit wenigen Zusätzen, den Inhalt des Buches. Sie werden alle auftauchen, nicht notwendigerweise in linearer Reihenfolge, aber sie werden alle erwähnt werden.

Wenn mein lückenhaftes Gedächtnis nicht trügt, waren das Wörter wie: Stille, Achtsamkeit, Präsenz, Vertrauen, Hingabe, Identifizieren, Normalsein, Urteilen, Sein, Liebe, Leere, Unsicherheit. Bestimmt kommen vielen unter Ihnen noch weitere in den Sinn, die ich hier ausgelassen habe. Meiner Erfahrung nach, wenn man sich wirklich tief in eines dieser Wörter versenkt, kann man sehen, wie viele der übrigen da mit hineinspielen.

Bei einer anderen Gelegenheit führte ich dasselbe Experiment in England in unserem gerade neu eröffneten Lehrzentrum Duncton Mill in West Sussex durch. Die Stichwörter waren ungefähr dieselben, aber es gab einen zusätzlichen Kommentar dazu. Die Geschichte ist die: Einige Studierende hatten ihre Mittel zusammengetan, um dem Zentrum eine große, schöne Buddhastatue zu stiften. Sie wiegt eine Tonne. Wir machten uns daran, eine geeignete Umgebung aufzubauen und schufen eine weiträumige, kreisrunde, gepflasterte Fläche in Form eines Mandalas, mit einem Meditationsgang als Einfassung außen herum. Der Buddha wurde auf einen speziell angefertigten Sockel gehoben, und Ajahn Sucitto, der Abt des nahe gelegenen Klosters Chithurst, hielt ordnungsgemäß eine „Augenöffnungs"-Zeremonie ab.

Vorher, noch im Aufbaustadium, zu der Zeit, als die Gruppe, die ich meine, an einem Kurs in Duncton Mill teilnahm, schrieb jemand die zwölf Wörter auf, die wir besprochen hatten, und nahm das Blatt Papier und legte es mit ein paar Blumen dazu genau in die Mitte der Baustelle, wo in Kürze der Sockel für die Buddhastatue errichtet werden sollte. Eine liebenswerte und hingebungsvolle Geste.

Am folgenden Morgen hatte ein Fuchs – dessen Territorium es war, bevor wir das Gelände gerodet hatten – während der Nacht seine unverwechselbare Duftmarke der Missbilligung hinterlassen, und zwar mitten auf dem gelben Stück Papier. Es gibt so viele Ebenen der Wirklichkeit! Die Ebenen verwirklichen sich, wenn wir still sind, nicht wenn wir mit Reagieren beschäftigt sind.

Eines dieser zwölf Wörter, in meiner Sicht das vielleicht herausragendste, ist Stille.

Stille, wie hier gebraucht, ist nicht einfach die fehlende Bewegung der Glieder oder sogar ein Abschalten des Denkens, sondern vielmehr ein Seinszustand. Stille in diesem Sinn setzt voraus, dass wir „nicht-beschäftigt-sind-mit" oder, nicht identifiziert sind mit dem, was immer sich gerade manifestiert.

Es ist durchaus möglich, dass es in meinem Gehirn summt und brummt und meine Beine zucken, doch wenn ich dessen gewahr sein kann, friedlich gewahr, dass diese Dinge geschehen, und mich nicht damit identifiziere, einfach der Beobachter bleibe, dann bin „ich", das wirkliche Ich, still. Die Bewegungen sind die des Gehirns oder der Beine.

Wenn Wasser seine Klarheit aus der Stille erhält, um wie vieles mehr die Fähigkeiten des Geistes!
Der Geist des Weisen wird, in ruhigem Sein, zum Spiegel des Universums, zum Spekulum der gesamten Schöpfung.

CHUANG TZU

Die wichtige Lehre aus diesem Zitat ist nicht, dass das Universum still ist – was es nicht ist, es ist in konstanter Bewegung –, sondern dass der Spiegel klar und ungetrübt ist. Das heißt, mein Geist ist in Ruhe, dabei aller Bewegungen bewusst, einschließlich der Regungen und Aufregungen meiner eigenen Sinne, aber nicht darin verwickelt oder mit ihren Aktivitäten identifiziert. Die Bedeutung dieser Aussage kann ich gar nicht überbetonen. So viele Menschen beklagen sich über das unaufhörliche Geratter in ihrem Gehirn, gerade wenn sie meditieren oder still sein wollen. Das ist die Natur des Gehirns. Es tut das. Es ist lebendig! Das Paradox ist, dass es, wenn wir einen Weg finden, die Aktivität nicht mit der Energie unserer Aufmerksamkeit zu nähren, wie alle Lebensformen, die keine Nahrung bekommen, einfach verkümmern und aufgeben kann. Plötzlich kann ein Moment kommen, wo wir erkennen, dass wir in dem Raum zwischen den

Noten waren und dass da wirkliche Stille herrschte. Was für wunderschöne Musik! Der Klang der Stille kann hörbar sein!

Dieser Klang lässt sich nicht vernehmen, solange wir eifrig bemüht sind, das Geplapper abzustellen, aber er ist schon da: In dem Moment, wo wir uns der Unsicherheit überlassen, nichts versuchend, nichts wissend, enthüllt er sich.

Das Feedback einer Studentin veranschaulicht dies sehr nett. Sie berichtet, wie es für sie war, kürzlich während des Trainings mit einer anderen Person zu sein.

Ich fühlte mich äußerst müde und saß mit einer Tasse Tee in der Küche.

Mary kam und setzte sich neben mich und nach einer Weile sagte sie, dass sie sehen könne, dass ich erschöpft war. Sie nahm meine Hand in ihre und hielt sie auf ihrem Schoß, und wir redeten weiter über dies und das.

Dann, während um uns herum allgemeine Konversation stattfand, konnte ich spüren, dass sie mir eine Behandlung gab und es fühlte sich wunderbar an.

Ich sagte zu ihr, „Mary, du gibst mir eine Behandlung" und sie lächelte nur. Es war, als ob durch ihre Hände eine Kraft und eine Quelle kamen, stark wie ein Berg. Es kam durch die Stille, die mir vertraut ist. Ich kenne diese Arbeit, war als Studentin bei Mike, und praktiziere sowohl als Behandler als auch als Klient.

Eines war besonders bemerkenswert. Als sie dann ihre Hand auf meinen Fuß legte und es schien, als ob sie die Behandlung noch verbessern wollte, verschwanden die Empfindungen der Stille und die Kraft dieser Stille völlig.

Ich fühlte mich von der Behandlung, die sie mir gab, getragen und belebt, und es war wirklich gut, mit dem in ihr und in mir in Kontakt zu sein.

Dies ist wörtlich so, wie es mir gegeben wurde, und betont den Unterschied zwischen der absoluten, im Sein enthaltenen

Empfänglichkeit im Gegensatz zu der Aktion des Tuns. Es ist so schwer, der Tide zu vertrauen und einfach zu sein, nicht wahr? Und doch, und doch ist es der einzige Weg, wie wir die Begrenztheit unseres Wissens überschreiten und den Kern berühren können.

Hier ein treffendes Zitat von Erich Schiffmann aus seinem Buch *Moving into Stillness* (Pocket Books, 1996), das dasselbe auf andere Art ausdrückt:

Stille ist dynamisch. Sie ist Bewegung ohne Konflikte, Leben in Harmonie mit sich selbst, aktive Fähigkeit. Sie lässt sich erfahren, wann immer es völlige, uneingeschränkte, ungehinderte Teilnahme an dem Moment gibt, in dem wir sind – wenn wir von ganzem Herzen präsent sind, bei was immer wir gerade tun.

Was für eine herrliche Therapie es also ist, fähig zu sein, mit einem anderen Menschen oder mehreren in Stille zu sitzen. Brauchen wir die formelle Bezeichnung „Therapie" dafür, oder können wir das einfach als Seinsmodus kultivieren? Wenn Hören Heilen ist, wie oft gesagt wird, dann bietet die absolute Stille, die Nichtidentifikation die Möglichkeit, dass die ganze Geschichte erzählt wird, und wenn sie ganz gehört wird, liegt darin die ganze Heilung. Wir brauchen nichts zu tun, einfach nur annehmen, ohne urteilen. In dieser Empfänglichkeit liegt die enorme Kraft des weiblichen Prinzips. Wie kostbar und selten das ist!

Stille ist dynamisch. Sie ist ein Seinszustand, in dem alles, was ins Bewusstsein kommt, beachtet wird, aber ohne jede Identifikation, die eine Reaktion erfordern würde. Wir reagieren so leicht, indem wir etwas tun, wo doch nur Erkennen nötig ist, ohne Gedankenkommentar und ohne Beurteilung.

Stille ist kein Untätigsein. Sie ist vielmehr der natürliche Zustand von allem, das nicht gerade etwas tut. Ich glaube, wir können sie mit der Intelligenz gleichsetzen, die Gott, Brahma, Dao genannt wird, auch mit Quelle, der oder die Geliebte und anderen Namen bezeichnet wird, bevor es Gestalt annimmt. Es herrscht Leere, frei von Aktionen, aber nicht leer von Potenz oder Bewusstheit. Der Motor ist im Leerlauf; der Gang ist nicht eingeschaltet, aber der Motor läuft trotzdem.

Der Wert der Stille liegt darin, dass sie das Potenzial für die Manifestation oder das Gestaltannehmen von allem enthält.

Wo ist die Stille? Stille ist immer das Herz des gegenwärtigen Momentes. Stille ist der Raum zwischen den Tönen. Stille ist der Ort, wo meine vergangenen oder zukünftigen Tage mich nicht meiner Kraft berauben. Ich bin präsent!

Wenn die Stille erstrebenswert ist, dann müssen wir betrachten, wie der Weg dahin führt. Wie bekomme ich ein Stück ab?

Das ist das Vertrackte an der Stille. Wir können sie nicht zustande bringen; wir können sie nicht erhaschen; wir verdienen sie nicht und wir können sie ganz bestimmt nicht kaufen. „Und wiederum sage ich euch, es ist leichter, dass ein Kamel durchs Nadelöhr geht, als dass ein reicher Mensch in das Königreich Gottes eingeht" (Matthäus 19,24) meint genau das! Wir erreichen die Stille nicht durch stärkeres Bemühen, sondern im Gegenteil, indem wir unsere Geschäftigkeit aufgeben, die unaufhörliche Aktivität des Ego – dieselbe Aktivität, durch die das Ego seine Identität aufbaut, und das ist genau das, was es von seiner Quelle getrennt hält. Der reiche Mensch erlangt den Zutritt durch die Hingabe an Gott, und das gilt für uns alle.

Ich möchte annehmen, dass wir alle Momente der Stille erfahren und diese Momente als kreativ erleben. Vielleicht einen Moment, wo wir uns völlig leicht und wohl damit fühlen, wo wir sind und wer wir sind. Es kann noch jemand anderes dabei sein, muss aber nicht, aber wo es kein Bedürfnis gibt, irgendetwas zu tun oder auf irgendetwas zu reagieren. Die Situation ist einfach nur da und wir nehmen sie an. Wenn sonst jemand anwesend ist, sei es ein Baby, oder ein Liebender, gibt es kein Bedürfnis; jeder nimmt die Präsenz des anderen und die Beziehung an, und sich selbst in der Beziehung. Das ist gemeinsam praktizierte Stille. In allen gemeinsamen Übungen entsteht eine Synergie, die größer ist als die Summe ihrer Teile, und das ist die Vergrößerung der Kraft der Stille, des Nicht-Tuns, die von Natur aus in Beziehungen angelegt ist.

Wenn ich diese Hingabe kultivieren und die Stille in meinem Kern berühren kann, erfahre ich, dass es möglich ist, einem anderen von dieser Seinsebene aus zu begegnen und sich mit ihm oder ihr dort zu verbinden. So wie wir sagen, dass wir uns bei einer anderen Person an ihre Gesundheit wenden, die unter („im Innersten" ist vielleicht besser) all ihrem (und meinem) Leiden verborgen liegt. Wenn wir uns daran erinnern, dass in unserem Kern Stille herrscht, dann herrscht sie auch in deren Kern. Die dramatische Aussage, die sich hieraus ergibt, ist, wenn wir auf dieser Ebene des Seins in Kontakt sind, bedeutet das, nicht getrennt zu sein, sondern eins. Da gibt es kein ich und du mehr. Aus diesem Ort des noch ungestalteten Potenzials kommt die Möglichkeit der Wiedergeburt, genau jetzt. Das ist die Kraft der Stille.

Die Menschen müssen gehört werden. Sie brauchen nicht be- oder verurteilt zu werden, nicht gesagt zu bekommen, wie sie sein sollten: Sie brauchen nur, dass sie in ihrem Schmerz, ihrer Verwirrung und Angst gehört werden. Gehört werden, ist geheilt werden, und tief gehört werden, ist tief geheilt werden. Ich weiß nicht, wo ich das zum ersten Mal hörte, aber ich erfahre es als wahr.

In der Stille gehört sein, ist wie in einen klaren Spiegel schauen; was sich zeigt, ist das, was ist. Der Spiegel gibt keine klugen Kommentare ab, keine Ratschläge, er reflektiert einfach. Wenn ich sehen kann, was wirklich ist – einfach, nackt, was ist – dann weiß ich, was zu tun ist. In dem Moment bin ich still geworden, und in meiner Stille bin ich gegenwärtig geworden; und wenn ich gegenwärtig bin, bin ich nicht mehr das entmachtete Bündel aus Reaktionen, das ich die meiste Zeit bin. Ich bin wenigstens zeitweilig wach. Wach kann ich proaktiv und nützlich sein; aus meiner Entmachtung bin ich reinkarniert.

All dies scheint in den Versen zu Beginn des Kapitels enthalten. In der letzten Zeile ist noch ein weiterer Punkt, dass all das frei ist von Absichtlichkeit, einfach, normal, unkompliziert. Die Art, wie ich die meiste Zeit lebe, identifiziert mit meinen Gewohnheiten und Mustern, ist die pathologische. Nennen wir es einen Zustand des Leidens oder der Unzulänglichkeit.

Die Route, möglicherweise die einzige Route zum Innersten oder zum Kern führt über die Stille, da jedes Engagement oder Urteilen die Enthüllung blockiert. Der Intellekt analysiert. Das ist seine Aufgabe. Aber Analyse ist definitionsgemäß eine Reduktion auf das, was verstanden werden kann, und blockiert den Fluss.

Vor ein paar Jahren verbrachte ich mehrere Stunden an den Niagarafällen. Während ich dort war, schrieb ich dies:

Ich verbrachte eine ganze Weile an diesen großartigen Wasserfällen und studierte die Stille in jener unglaublichen Bewegung. Da ist etwas, dass sich bewegt, und da ist etwas, das einfach da ist und absolut still. Dies, nehme ich an, ist eher der Geist des Wasserfalls, nicht sein Material. Man kann das am besten wertschätzen, indem man zum Wasserfall wird.

Es wird gesagt, dass sich das gesamte Universum aus absoluter Immanenz entfaltete und fortwährend weiter entfaltet. Wahrhaftig in der Gegenwart sein, wo es keine Vergangenheit und keine Zukunft gibt, könnte heißen, mit dieser Immanenz in Verbindung zu sein und damit der Möglichkeit zu einer anderen Art des Seins, ohne Fesseln und nicht seiner Kraft beraubt. Der Zweck dieser Arbeit ist die Erforschung jener Möglichkeit und ein Weg, sie zu erreichen.

Öffnen wir uns weiter für die Erfahrung der Stille als einem spürbaren Gefühl im Körper. Wenn wir das erfahren, gut. Wenn das nicht gezeigt wird, auch gut. Was immer ins Bewusstsein kommt, ist einfach nur da – und wenn wir uns nicht damit identifizieren oder es festhalten, öffnet sich ein Raum, dass sich etwas anderes enthüllen kann, bis wir schließlich an den Ort gelangen, der allen Formen innewohnt. Ich nenne jenen Ort auch Frieden.

Die Gnade der Stille erlebe ich in Schüben. Ich wünschte natürlich, dass ich sagen könnte, ich lebe in ihr, aber ich erkenne, dass da mein egoistisches Selbst spricht. Ich denke an zwei besondere Gelegenheiten, wo die Stille Gestalt annahm und die Dinge für mich änderte: Eine war vor ein paar Jahren, als ich eines Abends in absolutem Frieden in meinem Garten saß. In jenem Moment gab es nichts zu tun.

Durch meine Füße stieg eine Empfindung massiver Ausdehnung von allem empor, unglaublich stark, sehr langsam und majestätisch. Da war auch die Empfindung von Klang, der aber nicht hörbar war. Es war die atmende Erde und ich war sehr berührt. War ich verrückt? Ich weiß es nicht, aber ich glaube nicht, denn während des Ganzen war da auch eine Bewusstheit, die beobachtete, dass ich diese Erfahrung machte, und dann versuchte, daran festzuhalten.

Die andere war erst kürzlich, als ich während einer Pause von der Arbeit mit einer sehr liebenswerten Gruppe nach draußen ging, um auszuruhen, und einfach still stand. Eine sehr seltsame Erfahrung nahm zu und das ganze Gesichtsfeld und alles, was darin war, ergoss sich aus meinen Augen. Das ging auch vorbei, gerade in dem Moment, als ich darüber nachdenken wollte, was da vor sich ging. Wiederum, war das wirklich? Ich weiß es nicht, und spielt es eine Rolle? Es gibt viele Wirklichkeiten.

Auf einer weit weniger dramatischen Ebene, und weit häufiger, werde ich, wenn ich lehre, mir einer Veränderung meines Zustands bewusst. Das ist nicht dramatisch und ich erkenne es als Parallele zu der „Zone", die ich vor vielen Jahren als Athlet erlebte. In diesem Zustand traue ich dem, was ich sage, und höre es mir einfach an. Es ist keine Angst da und alle Fragen bekommen eine Antwort, die zufriedenstellt.

Die Stille ist die Quelle und was aus dieser Quelle kommt, wird nicht durch das Ego gefiltert, also ist in diesem Zustand auch keine Angst da. Ich muss mich weder um den Status, die Erfahrung noch das Lernen des Fragestellers sorgen. Ich vertraue einfach.

Dann haben wir alle Kaffee und Kuchen.

Ich habe viel Freude an dem E-Mail-Austausch mit Gil Siefer, einer angesehenen Psychotherapeutin in New York, und spirituell bewandert, die ich zu meiner Freundin und zum „Ältestenrat" zähle – eine aus einer kleinen, informellen Personengruppe, die ich als Berater in spirituellen Belangen um mich gesammelt habe. Wir sind beide in einem ähnlichen Alter und leiden beide an der Krankheit, ständig zu fragen: „Und ...?" Ich hoffe, unsere Unterhaltungen gehen weiter. Sie möchten vielleicht einen Ausschnitt aus jüngerer Zeit lesen.

Gil schrieb:

Mir sind einige der Lehren von Ramana Marharshi über die Stille begegnet. Ich hätte gern ein Feedback von dir darüber, was er zu Stille sagt, und ich zitiere: „Was bedeutet Stille? Es bedeutet, dich zu vernichten, weil jeder Name, jede Form die Ursache für Schwierigkeiten ist. Ich bin dies, das ist das Ego. Die Erfahrung von Ich Bin, von Still sein ist das SELBST."

Da es in deiner Arbeit um Stille geht, kannst du akzeptieren, worüber er da spricht?

Ich antwortete:

Liebe Gil,
ich danke dir dafür.
Ramana Maharshi war ein großer Lehrer. Ich glaube, dass seine innere Klarheit ganz offenkundig war. Seine Augen drückten diese Klarheit wunderschön aus, sogar als sein Körper schon mit einem bösartigen und schmerzhaften Krebs im Sterben lag.

*Das Selbst, das, „wer er wirklich war" – und ist, war inkarniert, war aber nicht die Gestalt der Inkarnation, soweit ich das aus dieser unerleuchteten Warte überhaupt verstehen kann. Ich glaube, man kann sagen, dass alle Formen, sein Körper nicht ausgenommen, ein Ausdruck jenes **Selbst** sind, das nur begrifflich und als Ego das seine war.*

Ich akzeptiere völlig, wovon er in dem Zitat spricht. Ich scheue aber, von der Sprache her, ein bisschen vor dem Wort „vernichten" zurück. Ich ziehe die Vorstellung vor, sich in der Stille, als nie endende Praxis, bewusst zu werden, was uns von jener Einheit und von der Ausweitung der Bewusstheit abhält, und ob wir diese Trennung noch brauchen und falls nicht, sie aufgeben. Im Endeffekt vielleicht dasselbe wie sie vernichten, aber konzeptuell weniger vom Ego gesteuert als vernichten.

Ich nenne die Gewohnheitsmuster, die uns vom SELBST getrennt halten, „unverdaute Lebenserfahrungen". Sie sind ein elaboriertes Konstrukt. Nur das, etwas, das wir mit viel Mühe und Sorgfalt konstruiert haben, um eine Selbstidentität aufrechtzuerhalten (dieses Selbst, oder ich, mit einem kleinen „i" ist natürlich das Ego), was zu einer Maskierung jenes Zustands des Seins führt, den ich als das seiende Sein verstehe, was wir ebenfalls das Selbst nennen könnten. Es ist ein **Witz**, dass die Quelle aller Angst ein nicht existentes Konstrukt ist. Nicht existent in dem Sinne als nicht aus sich selbst heraus und ohne Wesenssubstanz außer im relativen Sinne.

Ich vermute, dass die absolute Stille nicht verschieden ist von der Leere, als Potenzialität von allem, als noch nicht in Form ausgedrückt. Sie wohnt auch dem Gestaltannehmen aller Formen inne.

Darüber sprechen, in Begrifflichkeiten, gehört auch zu meinem Versuch, all des Zeugs bewusst zu werden, das hingegeben werden muss. Ich erkenne, dass die Worte nicht die Erfahrung sind.

Ich habe keinerlei Zweifel, dass Ramana die Erfahrung hatte, von Grund auf. Ich habe nur in kurzen Begegnungen etwas erfahren und dann, wenn es schon vorbei war, versucht, daran festzuhalten. Vermutlich haben wir das alle.

*Es scheint mir, dass es eine nützliche, relative Stille gibt, in der Beobachtung all dessen, was aufkommt, nenne es das Chaos, ohne Urteilen, reines Beobachten. Wir könnten es den Zeugen der Schöpfung nennen. Vermutlich wäre das absolute Bewusstsein dann die Erfahrung der Schöpfung. Wenn diese Erfahrung wahrhaftig da wäre, gäbe es keinen Unterschied zwischen der Schöpfung und dem Schöpfer mehr. Auf der relativen Ebene muss es eine getrennte, präexistente Materie geben, aus der die Schöpfung erschaffen wird, also hat das Wort unendlich auf der relativen Ebene keine Bedeutung, es ist nur ein Konzept, das von einem Selbst gehegt wird, welches, lächerlicherweise, irgendwie von dem **Selbst** getrennt ist. **Nichts** ist nicht das Selbst!*

Manchmal treibt es mich, einfach nur in Stille dazusitzen. Ich glaube, so könnte ich mehr Gutes tun. Es scheint aber nicht meine Bestimmung zu sein.

Manchmal denke ich, das Selbst ist voll und ganz „der Segen des Normalseins". Einfach dranbleiben, zu tun, was immer ich gerade tue, mit einem gewissen Grad an Achtsamkeit. Der Wunsch nach Weisheit ist so eine starke Ablenkung.

Manchmal zeichnet sich eine Zone ab, wo ich einfach sitzen kann, ruhig oder nicht, und auf das hören, was aus dem Kompost kommt, ohne damit „arbeiten" zu wollen, und ich lerne, darauf zu trauen, dass das Weisheit ist. Die Lehre, nicht der Lehrer.

Alles Liebe,
Mike

2

Ein spiritueller Weg

Die Spiritualität ist wie das Dao ein schwieriges Thema, schwierig, darüber zu sprechen. In beiden Fällen ist alles, was man darüber sagen kann, nicht wert, es zu sagen, weil alles Gesagte Worte *über* etwas sind, nicht die Erfahrung selbst, und deshalb wird das ein Konzept sein. Das Konzept ist um die EINE Wahrheit herum und kann nie die Erfahrung der Wahrheit sein.

Stille, leerer Stuhl, Lehre – nicht der Lehrer, Erleuchtung und so weiter sind alles großartige Konzepte und ganz gleich, wie lange ich sie beschreibe, über sie spreche, lese, verbleiben sie als Konzepte, bis sie zur Erfahrung werden. Die Tragweite *dessen* ist der ganze Antrieb dieser Arbeit.

Wie also gelangen wir zum Erfahren? Offensichtlich nicht dadurch, dass wir unser Denken mehr anstrengen; auch nicht, würde ich behaupten, durch Übungen, Niederknien oder Wiederholung eines Mantras. Diese mögen wohl zu einem disziplinierteren und klareren Geist und Körper führen, aber sie führen nicht in die Wahrheit als Erfahrung.

Und doch ist die Wahrheit hier. Sie war immer hier und wird es immer sein. Wie könnte es nicht so sein? Vielleicht, wie ich vorschlage, bilden Geist, Dao, Leere – Intelligenz könnte ein weiteres Wort sein – genau den Kern unseres Seins, und was erforderlich ist,

ist kein Aneignen, sondern vielmehr das Aufgeben all dessen, was uns davon fernhält. Was uns fernhält, ist einfach dies: die Trennung von der Quelle, die wir als persönlichen Intellekt oder Ego kennen; dies aufs heftigste verteidigte Konstrukt, dass wir „Ich" nennen.

Es ist Zeit, dass wir uns von Descartes weg und weiter bewegen. Nicht, indem wir seinen enormen Beitrag zum westlichen Gedankengut verwerfen, aber auf eine Intelligenz hin, die stärker integriert ist als der getrennte Intellekt erlaubt.

Vielleicht ist eine Art Spirale am Werk. Zuerst gab es eine blinde Intelligenz, dann gab es den mit Scheuklappen versehenen Intellekt, und nun kann es erwachte *und* bewusste Intelligenz geben.

Einige buddhistische Denker sprechen von Maitreya – dem noch kommenden Buddha –, der eine Erhöhung der kollektiven Bewusstheit sein wird, nicht als ein erleuchtetes Einzelwesen, ob männlich oder weiblich. Dies erzeugt gewisse Resonanzen mit dem christlichen Bild des nächsten und letzten Gestaltannehmens des Christus. In jedem Falle, wenn sich das Bewusstsein *genügend* steigert, was braucht es dann noch weitere Manifestationen der Form?

Eine weitere Parallele der beiden großen Traditionen liegt in der Verkörperung. Jesus war/ist die Inkarnation Gottes in menschlicher Gestalt durch den Atem des Geistes. Der Buddha lehrte, dass die höchste Form des Seins in „diesem nur klaftergroßen Körper" enthalten sei.

Und doch, und doch scheinen die dogmatischen Strukturen, die sich um die Lehren beider Lehrer formierten, die Konzepte und konstruierten Konventionen entschieden zu wiederholen, anstatt auf die Offenbarung jener ewigen Wahrheiten zu hören, wie sie sich im Körper ausdrücken – in dem Körper, der immer da ist, in so vielen verschiedenen Formen. Wir brauchen die Form, die die Intelligenz annimmt, weder zu interpretieren noch zu erklären. Wir können das natürlich, aber das bedeutet durch Definition oder Benennen zu begrenzen. Der andere Weg wäre, einfach nur zu beobachten, in Ehrfurcht, wie die Synergie *aller* Formen

Ausdruck findet, indem sie auf *die Intelligenz* antwortet, ohne die Begrenztheiten des Intellekts.

Dies wäre, wie ich es sehe, ein Ausdruck des Maitreya auf der einen Seite, und eine Vervollkommnung des Menschen, des Menschseins, auf der anderen.

Vielleicht ist es das, was dahinterstecken könnte, wie wir das Thema Spiritualität angehen: als Offenbarung im Körper und vom Körper ausgehend.

Ich finde es so befriedigend, dass da nichts ist, in einem materiellen Sinne, was es zu erlangen oder erwerben gäbe. Niemand da, der etwas kontrollieren oder manipulieren würde. Die Wahrheit ist nur hier, wenn wir die Getrenntheit aufgeben. Es ist schon seltsam – oder völlig offenkundig – dass die Errungenschaften der Technik, besonders auf dem Gebiet der Kommunikation, es geschafft haben, den Maitreya immer möglicher und zugleich unwahrscheinlicher werden zu lassen.

Was ich hier durch die Blume sage, da draußen gibt es viele Lehrer zu diesen Themen. Es gibt einige sehr gute und ehrliche spirituelle Lehrer, einige schöne und ehrliche Bücher, und wir könnten paradoxerweise sagen, wenn wir über das eher besitzstrebende Verhalten so vieler Menschen lesen, dass heute mehr Wörter über spirituelle Themen geschrieben werden als zu jeder anderen Zeit.

Dennoch – und das versuche ich, und einige andere, anzusprechen –, wo ist der Lehrer oder das Buch, das Spiritualität mit den *Offenbarungen* des physischen Körpers gleichsetzt, anstelle von intellektuellen Konzepten *über* ihn? Viele Menschen machen Körperarbeit, um ihn und den Geist zu trainieren.

3

Bewusstheit

Wer ich wirklich bin

Kein Anfang, nur Prozess.
Der Geist reinkarniert.
Geburt und Leben
Das Begegnen zwischen Entfaltung und Erfahrung.
Schicht um Schicht von Illusionen.
Ich wurde ich und vergessen.
Gestern war und morgen wird sein – oder scheint nur so.
Kein Jetzt.
Eine Flut ist da,
dann ein Ozean.
Unter den Wellen,
ist es nur still.
Die Mutter.
Reine Bewusstheit,
und ich erinnere, wer ich bin.
Der Ozean rumort,
es gibt nur den Prozess.

MIKE BOXHALL

Die Essenz dessen, was ich hier zu sagen versuche, ist, dass die Arbeit auf einer tiefen Ebene, der Ebene, die wir die spirituelle Ebene nennen, eine Übung ist, die von sehr tief aus unserem Sein kommt; keine Übung, um das, was wir tun, mit immer größerer Präzision zu verfeinern.

Die meisten Aussagen weiter unten würden ganze Kapitel für sich rechtfertigen, aber ab hier beginne ich, meinen Stand aufzustellen und lade zur Mitarbeit ein. Auf dieser Ebene arbeiten wir nicht mit dem anderen – wir können ihn oder sie den „Klienten" nennen: Die Arbeit geschieht einfach als offenbartes Ergebnis der Synergie, die in der Beziehung entsteht.

Lassen Sie mich diesen Satz herunterbrechen und erklären, was ich meine.

Beziehung auf dieser Ebene ist das, was da ist, wenn das, was uns voneinander getrennt hält – der persönliche Intellekt, das persönliche Ego und vielleicht die persönliche oder Individualseele –, preisgegeben wird. Was bleibt, ist die Gemeinschaftlichkeit des Seins, die Geist ist.

Offenbarung ist das Aufsteigen (und Absinken) der Formen, der Phänomene gleich welcher Art, aus der Leerheit der Präsenz, der ewigen Gegenwart, dem Jetzt.

Das gehen zu lassen, was uns voneinander getrennt hält, und sich dem Klienten von jenem Ort zu nähern, heißt, dass wir den Klienten auf dieser Ebene in ihm berühren, ob das in seinem oder unserem Bewusstsein gehalten wird oder nicht. Eine Synergie entsteht.

Wenn zwei Elemente sich gegenseitig auf eine Art annähern, dass der Bereich dessen, was sie gemeinsam leisten können, bei Weitem das übersteigt, was sie getrennt leisten könnten, agieren sie mit *Synergie*. In diesem Fall geht die Wirksamkeit der Zusammenarbeit über normale Erwartungen hinaus. (Diese Definition verdanke ich *Chambers Dictionary*.)

Die Barriere zu dieser Ebene der Arbeit ist das, was ich oben in der Erklärung von Beziehung beschrieben habe. Es ist ziemlich unheimlich, unser Gefühl des Getrenntseins aufzugeben; es ist so tief eingraviert, dass wir glauben, unsere Lebenserfahrung ist das, wer wir tatsächlich zu sein meinen. In Wirklichkeit ist die Person, das Bild, von dem ich denke, dass ich das bin, nichts als eine begrenzte Kontraktion des Steigens und Fallens der Essenz in die Form.

Das Gedicht am Anfang des Kapitels versucht, sich an eine solche Bewusstheit zu wenden. Meiner bewusst zu sein, wer ich wirklich bin, verlangt von mir eine Überprüfung der Annahmen, die in der ersten Strophe dargelegt sind. Die zweite Strophe spricht vom Abstieg in das Unbekannte, in die verborgenen Tiefen des Unbewussten, Schicht um Schicht. Die letzten beiden Zeilen handeln von der Enthüllung, dass das erste Aufsteigen aus der tiefsten Tiefe der Stille Bewusstheit ist. Einfach die Bewusstheit selbst, noch vor jeglicher Gestalt, ohne Trennung zwischen Form und Formlosem – das Prozesshafte an sich, ohne dass eine Gestalt hervorgebracht wird.

Die Weisheit leben

Die größte Herausforderung, vor der spirituelle Sucher stehen, ist die Frage, wie wir unser Leben zu einer Verkörperung von Weisheit und Mitgefühl machen können. Die Wahrheiten, die uns zu verstehen gegeben wurden, müssen ihren sichtbaren Ausdruck in unserem Leben finden. Jeder unserer Gedanken, Worte, Taten, enthält die Möglichkeit, ein lebendiger Ausdruck von Klarheit und Liebe zu sein. Es ist nicht genug, Weisheit zu besitzen. Wenn wir glauben, Hüter der Wahrheit zu sein, wird das zu seinem Gegenteil, ist das der direkte Weg, schal, selbstgerecht oder rigide zu werden. Ideen und Erinnerungen enthalten keine befreiende oder heilende Kraft.

Einen Zustand wie einen erleuchteten Ruhestand, wo wir aus dem Überfluss vergangener Errungenschaften schöpfen können, gibt es nicht. Weisheit ist nur solange lebendig, wie sie gelebt wird,

Verstehen befreit nur so lange, wie es angewendet wird. Ein pralles Portfolio an spirituellen Erfahrungen zählt wenig, wenn es nicht die Kraft hat, uns durch die unvermeidlichen Momente des Kummers, Verlusts und Wandels zu tragen. Wissen und Leistungen zählen wenig, wenn wir noch nicht wissen, wie wir ein anderes Herz berühren oder berührt werden können

CHRISTINA FELDMANN UND JACK KORNFIELD,
Geschichten des Herzens, ARBOR VERLAG, 1991

Achtsamkeit

„Achtsamkeit" ist ein Wort, über das in der buddhistischen Literatur soviel wie über kaum ein anderes geschrieben wurde. Daher will ich mich entgegen der Logik hier darauf beschränken, eine klare und einfache Erklärung eines namhaften Lehrers anzuführen.

Die fünf spirituellen Sinne – Glaube, Energie, Achtsamkeit, Konzentration und Weisheit – sind unsere besten Freunde und Verbündete auf dieser Reise des Verstehens. Diese Qualitäten sind am wirksamsten, wenn sie im Gleichgewicht sind. Der Glaube muss mit Weisheit ausgewogen werden, damit es kein blinder Glaube ist und damit die Weisheit nicht oberflächlich oder heuchlerisch ist.

Wenn die Weisheit den Glauben überwiegt, können wir ein Muster entwickeln, wo wir etwas wissen, sogar aus sehr tiefer Erfahrung wissen, es aber dennoch nicht leben. Der Glaube bringt die Qualität der Verbindlichkeit in unser Verstehen. Energie muss mit Konzentration ausgewogen werden; Anstrengung wird dem Geist Transparenz, Klarheit und Energie zuführen, die Konzentration bringt Ruhe und Tiefe hinein. Eine unausgeglichene Anstrengung macht uns unruhig und zerstreut, und zu starke Konzentration ohne Energiezufuhr kommt der Erstarrung und dem Schlaf nahe.

Achtsamkeit ist der Faktor, der alle diese im Gleichgewicht hält und deshalb stets nutzbringend ist.

JOSEPH GOLDSTEIN,
IN *Seeking the Heart of Wisdom*,
AUS *Everyday Mind*,
HERAUSGEGEBEN VON JEAN SMITH,
Tricycle-Book

4

Identifiziertsein

Ewigkeit

Wer sich an eine Freude bindet,
zerstört die Flügel des Lebens;
doch wer die Freude im Vorbeiflug küsst,
lebt im Sonnenaufgang der Ewigkeit.

WILLIAM BLAKE

Wir sind alle identifiziert.

Identifizierungen nehmen viele Formen an: Wir identifizieren uns mit unserer Nation, mit unserer Herkunft, unserer Religion, unserer Bildung, unserer Ernährung und besonders mit unseren Krankheiten. Selbstverständlich sind wir auch mit unseren Familien und einem Kreis derer, die wir lieben, Menschen und Tieren, in Zuneigung verbunden.

Wir sind mit dem Leben identifiziert.

Am stärksten sind wir mit der Vorstellung identifiziert, dass es dieses eigenständige Wesen gibt, das von allen anderen Wesen getrennt ist und das wir „mich" nennen.

Seltsam, kein Ausmaß ernsthaften Erforschens bringt jenes „mich" hervor. Ich kann meinen Fuß und meine Leber finden und mein Denken und meine Gefühle, aber das Wesen, das diese Attribute besitzt, lässt sich nirgendwo getrennt lokalisieren. Über dieses Thema ließe sich ein ganzes Buch schreiben, und tatsächlich haben viele das getan, aber das Ende vom Lied, wenn wir uns erlauben, ein bisschen tiefer einzutauchen – vielleicht würden wir das lieber nicht? – ist, dass sich das, was wir für getrennt hielten, als Interaktion zwischen allen aus der Leere aufsteigenden Formen herausstellt, von denen keine dem Wesen nach getrennt ist. Wir sind die Folge von Bedingungen, nur das!

Dennoch bleiben wir ganz entschieden identifiziert, und es ist meine Überzeugung, dass wir gut daran tun würden, anstatt das Identifizieren als schmutziges Wort zu behandeln und zu versuchen, es loszuwerden, unsere Identifikationen näher zu untersuchen, sie anzuerkennen, sie an die frische Luft zu bringen. Nur dann haben wir die Wahl, ob wir auf die Identifikationen, die wir gebildet haben, reagieren wollen, ob wir sie loslassen oder nicht. Mein Umgang mit diesem Problem ist etwa so: Ich bin mit allem Möglichen identifiziert. Ich behaupte nichts anderes. Wenn ich versuche, die Identifikationen zu beseitigen, gebe ich lediglich Aufmerksamkeitsenergie in das, was ich loswerden will, womit das wahrgenommene Problem genährt wird. Das Ergebnis ist ziemlich offensichtlich.

Wenn ich aber, statt rabiat zu mir zu sein, die Identifikation einfach mitfühlend in bloßes Gewahrsein bringe, und die Beurteilung, die ich darüber habe, entferne, dann entsteht ein Raum, in dem die Identifikation zu etwas anderem erblühen kann. Das ist dann ein kreativer Akt.

Für einen Therapeuten ist das besonders auf den Wunsch anwendbar, dass es jemandem gut gehen soll. Das ist ein massiver Haken und der Haken wirkt so, dass die energetische Beziehung zwischen mir und der Klientin eine ehrgeizige wird, nicht eine des leeren, entspannten Hörens – jenes Hörens, das in sich die

Heilung ist. Diese Art des Eingreifens stammt aus meiner unvermeidlich eingeengten Sicht, wie die Klientin sein sollte. Wenn ich nur einen Raum bieten kann, der weit genug ist, damit die Klientin ihr Leiden in der Gesamtheit ganz ausdrücken kann, nicht notwendigerweise in Worten, nicht nur die vorhandenen Symptome, dann kommt eine natürliche Erleuchtung ins Spiel und die Intelligenz an sich offenbart sich, nicht nur meine mechanisch beste Absicht. Die Klientin kann dann möglicherweise, vielleicht zum ersten Mal, eine Enthüllung ihres wahren Seins hören, was nichts anderes ist als ein Ausdruck oder ein Gestaltannehmen der Leere. Hier klingt der großartige Spruch von Sutherland an: „Du kannst der Tide vertrauen."

Nun eine kleine Geschichte von Carme Renalias in Spanien, die das Arbeiten *mit* Identifizierungen veranschaulicht, nicht den Versuch, sie zu beseitigen.

In einer der Übungen, die wir machten, fühlte ich mich in immer tiefere Ebenen sinken, ich spürte, wie ich nicht mein Körper, nicht meine Gefühle war, zu diesem Zeitpunkt nicht einmal ich war, eher wie ein überall sein und Zeit existierte nicht. Und dann, ich weiß nicht, wo es herkam, das Bild meiner Kinder, und plötzlich fühlte ich, wie ich zurückkam, und als ich bemerkte, dass ich die Identifikation mit ihnen nicht lösen konnte, setzte die Angst an, sie zu verlieren.

Ich war an einem Ort gewesen, wo ich keinerlei Identifiziertsein gespürt hatte, kein Vergnügen, keinen Schmerz, einfach Sein, aber die Angst, meine Kinder zu verlieren, war so groß, dass sie mir eine Menge Kummer bereitete, Traurigkeit bei der Vorstellung, meine Verbindung zu ihnen loslassen zu müssen. Die Traurigkeit war einfach da. Es war wichtig, sie zu erfahren, weil ich, obwohl es leidvoll war, den Weg unterhalb des Leidens sehen konnte. Aus dem Alles-eins-Sein entstanden Differenzierungen, meine Kinder und ich, Liebe wurde zu Angst. Es berührt mich jetzt, während ich dies schreibe, es macht mich sehr demütig und sehr behutsam mit mir selbst.

In diesem Leben binden wir uns an unsere Familie, unsere Ideen,
unsere Lehrer und, wie du sagtest, an unser Leben … und vergessen,
dass alles eins ist.

Ich glaube, wir müssen, wie Blake andeutet, damit aufhören, uns
an unsere Identifizierung mit „Gutem" und unsere Abneigung
gegen „Schlechtes" zu binden, sie beide im Vorbeiflug küssen. So
werden wir in der Gegenwart ruhen, und die voll zum Ausdruck
gekommene Summe menschlicher Entwicklung ist, voll und ganz
in der Gegenwart zu sein.

Bitte identifizieren Sie sich nicht damit, Identifizierungen und
Bindungen zu beseitigen!

5

Normal

Wie ich schon erklärt habe, betrachte ich den Austausch im Miteinander, wie wir es tun, über die Erfahrungen, die in den Berührungssitzungen auftauchen, als das vermutlich bedeutsamste Segment der Arbeit. Bedeutsam in dem Sinne, dass das, was wir da hören, jemandes körperliche Erfahrung der Lebensgeschichte ist, die als das „Ichsein" identifiziert wurde.

Wenn die Gruppe sicher ist und Vertrauen herrscht, kann die Enthüllung gut möglich auf einer tieferen Ebene stattfinden, als der Sprecher oder die Sprecherin sich je zuvor in ihrem Leben zu erfahren erlaubt hat. Das heißt, sie hört ihre Geschichte zum ersten Mal. Das Aufwachen gegenüber den Beraubungen unserer Kraft, die wir fortwährend wiederholen, kann sehr tief greifend sein. Die Möglichkeiten der Wahl, die aus diesem Bewusstsein erwachsen, können ebenso tief greifend sein. Sobald mir die Erkenntnis kommt, wie ich Gewöhnungen unterliege, ist die Möglichkeit für Wandel gegeben. Ich habe Optionen, die ich nicht habe, solange ich reaktiv bleibe.

Ein übers andere Mal saßen wir im Zustand einfachen Empfangens, während jemand, manchmal mit Erstaunen, erforscht, wie er bei der eigenen das Leben behindernden Kraftberaubung konspirativ mitgewirkt hat, indem er die wahrgenommenen elterlichen Urteile als Aussagen von dauerhafter Wahrheit über seinen Wert als Person angenommen hat.

Manchmal ist der Wandel, der durch das Bewusstwerden geschieht, sehr schnell, manchmal muss wiederholt in das Trauma hineingegangen werden, bevor der Groschen ganz gefallen ist, dass „ich, hurra", etwas daran ändern kann. Sogar besser tun sollte, da es niemand sonst kann!" Und nicht zu denken, jemand *wird* es tun, niemand sonst *kann* es.

Es ist nahezu unmöglich, das Privileg zu überschätzen, wenn wir Zeugen dieser Lebensgeschichten werden. Für mich ist es nicht schwierig, ihnen gegenüber völlig präsent zu bleiben, da ich voll und ganz einsehe, dass das, was ich höre, auch die Geschichte meines Lebens und die Geschichte der Menschheit ist. Die Bilder der Darstellung mögen von einer Kultur zur anderen variieren, auch von einer Generation zur anderen, aber die Essenz ist wiederkehrend, was sich wandelt, ist nur die Form, nicht ihre Essenz.

Etwas anderes, das schon an anderer Stelle besprochen wurde und recht oft in den Seminaren erwähnt wird, ist der Unterschied zwischen dem persönlichen Intellekt und der Intelligenz. Kurz und für unseren Zweck sehr vereinfacht verhält sich der Intellekt zur Intelligenz so wie eine Diode, die Radiowellen auf einem Kristall sucht und findet. Ich male eine bildhafte Analogie, ich zitiere keine Wissenschaft. Mit einiger Dankbarkeit beziehe ich mich auf Rupert Sheldrake und seine Hypothese der Morphischen Resonanz, wenn ich mich, weil ich nicht „wissenschaftlich" bin, in dieser Einsamkeit allzu deprimiert fühle.

Erst kürzlich jedoch geschah etwas Neues und für mich überaus Spannendes. Statt dass die Personen Ärger oder Scham oder Verwunderung empfanden, wenn Enthüllungen ihrer Reaktivitätsmuster und das Bewusstsein „wie dumm ich doch war" auftauchten, beginnen sie nun über das „Normale" zu reden, das sie hier erfahren, während sie in Verbindung mit tieferen Schichten der eingesperrten Psyche kommen, die durch Berührung mit dem Körper und seiner Akzeptanz offenbart werden. Nicht, dass das ohne Schmerzen geschieht – es kann sehr schmerzhaft sein. Doch es ist eher so, dass die Beobachtung und Empfindung des Schmerzes da ist, aber weniger oder kein Leiden darunter. Können wir das eine vom anderen trennen?

Ich glaube ja.

Angenommen, und ich vertraue darauf, wenn das, was in einer Gruppe an einem Ort geschieht, schon irgendwie im Kontext einer anderen Gruppe, an einem anderen Ort vorgekommen sein kann, und das verstehe ich unter morphischer Resonanz, dann gibt es einen wirklichen Durchbruch in die Nichtidentifikation, oder zumindest in weniger Identifikation. Wenn das geschieht, ist das, was ich vorhatte, nach meinem Empfinden bereits weitgehend getan; wir müssen uns nur hüten, nicht wieder in die alten Muster und einen Mangel an Achtsamkeit zurückzufallen.

Ich behaupte immer, was ich mir vornehme, ist nichts zu tun. Meine Frau erinnert mich stets daran, dann man nicht nichts tun kann – ich gebe ihr recht –, aber was man tun könne, sei zu *vertrauen*. Mit dieser Korrektur bin ich zufrieden.

Seit Beginn dieser Arbeit vor einigen Jahren ist das Ziel stets dasselbe geblieben, zu enthüllen, was tatsächlich da ist, wenn wir tiefer in unser Sein, die menschliche Psyche, eintauchen und nicht nur eine Philosophie oder Religion annehmen und versuchen, ihr gerecht zu werden.

Im großen Ganzen versuche ich Dogma und -ismen zu vermeiden. Ich vermeide weitgehend Wörter aus dem Sanskrit oder Pāli oder chinesische, aramäische, jiddische, japanische, persische und arabische Begriffe. Wenn etwas wahr ist, muss es in unserer Zeit, Gegend und Sprache anwendbar sein. Wir müssen nicht zu jemand anderem werden, mit anderer Hauptfarbe, Sprache, in einer anderen Zeit, um uns unserer Fähigkeit bewusst zu sein. Wir müssen nur die Panzer der Abwehrmechanismen aufgeben, die Getrenntheit, die dazu beitragen, die Erfüllung jener Fähigkeit zu vermindern.

Wir bemühen uns, durch gemeinsames Einverständnis und Achtsamkeit die Gruppe als einen sicheren Ort für alle zu erhalten. Ein solcher Raum erlaubt, dass die Panzerplatten sanft dahinschmelzen und wir nach und nach gewahr werden, was übrig bleibt.

Und was schließlich übrig bleibt, stellt sich als *normal* heraus. Die Glückseligkeit, normal zu sein!

Sonst gibt es nichts. Einfach wachsam und in Verbindung bleiben, sodass wir die Gewohnheiten bewusst wahrnehmen, und wie leicht und hastig sie sich wieder zurückmelden können.

Durchweg sind die Hauptbezugspunkte in dieser Arbeit, auf die ich immer wieder zurückkomme, das verkörperte Leben und Vorbild von Jesus und das Leben und die Lehre des Buddha. Ich bin überzeugt, dass es zu suchen gilt, mit diesen Vorbildern *präsent* zu sein. Wo ist präsent? Nun, das eine, das von Geburt an bis zum Tode präsent ist, ist der Körper. Sogar vor dem Bewusstsein dieser Tatsache.

Es gibt eines, das, wird es kultiviert und regelmäßig praktiziert, zu tief spiritueller Absicht führt, zu Frieden, zu Achtsamkeit und klarem Verstehen, zu Vision und Wissen, zu einem glücklichen Leben hier und jetzt, und zum Gipfel des Wissens und Erwachens. Und was ist dies eine? Es ist die im Körper zentrierte Achtsamkeit.

DER BUDDHA
ANGUTTARA-NIKĀYA I. 43

Normale Erleuchtung

Eine landläufige Ansicht ist die, dass wir, um erleuchtet zu werden, zu etwas anderem werden müssen als das, was wir bereits sind. Irgendwie ist das, was und wie wir sind, minderwertig und grob. Um erleuchtet zu werden, müssen wir alle unsere Unzulänglichkeiten loswerden und uns in einem alchemischen Prozess in eine Art Superwesen verwandeln.

Das erste und vielleicht interessanteste an dieser Sichtweise ist, dass sie eine Beurteilung von jemandem enthält, der im gleichen Atemzug sagt, dass ihm ein Urteil nicht zusteht! Das erinnert mich an Groucho Marx von den Marx Brothers, der tiefsinnig sagte, dass er sich nicht herablassen würde, einem Klub beizutreten, der ihn zum Mitglied haben wolle.

Die Essenz des Buddhismus ist in meinem Verständnis, dass wir bereits erleuchtet sind, es aber vergessen haben. Wir haben vergessen, wer wir wirklich sind. Wir haben uns daran gewöhnt, zu denken, dass wir die Gesamtheit unserer Lebenserfahrungen sind, ignorieren dabei das Sein, das unterhalb so unverdauter Rückstände liegt, von denen wir uns nicht verabschieden konnten und die uns an die Vergangenheit binden.

Drehen wir das einmal um und betrachten es von der anderen Seite. Wenn wir schon erleuchtet sind, ist die Aufgabe, Verbindung aufzunehmen mit dem, was wir wirklich sind. Zumindest ist es Teil der Aufgabe, denn, falls wir unserem eigenen Urteilen nicht trauen können, müssen wir weiter gehen und ohne zu urteilen ins Bewusstsein dessen kommen, wer wir sind. Einfach allmählich, oder auch plötzlich, eine größere Bewusstheit an Bord nehmen, gewahr werden, wer wir sind und wie wir sind und das akzeptieren, ohne zu wünschen, es wäre nicht so, oder wäre etwas anderes.

Dann ist die erste Stufe der Erleuchtung dies: Bewusstheit. Einfach das; Bewusstheit.

Das heißt nicht, dass es keine Grade an Bewusstheit des Erleuchtetseins gibt. Ich bin sicher, dass es sie gibt, aber sie sind eine Ausweitung des ersten Schrittes – des Gewahrwerdens dessen, wer wir, urteilsfrei, wirklich sind.

Ich habe so viele Menschen gesehen, die strebsam ihre Meditationen und andere Übungen machen, oft über viele Jahre hinweg und sehr gewissenhaft, im Glauben, dass aus diesem Bemühen heraus eine verwandelte Person erwachsen wird. Unglücklicherweise ist, was aus dem Suchen und Bemühen erwächst, Suchen und Bemühen! Es scheint mir um so vieles sinnvoller, daran zu glauben, dass, wenn ich zu dieser Zeit und an diesem Ort in einem menschlichen Körper geboren bin, dies alles Material ist, was gebraucht wird, und was es vollständig zu erforschen gibt, ist, was es bedeutet, ein menschliches Wesen zu sein.

Das bedeutet, wenn ich Ärger spüre, ist Ärger ein Attribut des Menschseins. Wenn ich glücklich, furchterfüllt, traurig, was immer bin, sind all diese Attribute des Menschseins. Ob ich mich gegen eine Sache auflehne oder für eine andere rühme, hat keine Bedeutung, da es nur ein momentaner Zustand ist, in dem ich mich befinde, es ist nicht, wer ich bin. In all solchen Emotionen gibt es nichts Tadelns- oder Lobenswertes an sich. Wenn ich einfach darauf achten kann, wie es ist, ohne der Emotion die Energie meiner Identifikation zuzuführen, wird sie verschwinden und eine neue Sachlage kann an ihre Stelle treten. Nichts ist statisch, wenn wir es nicht dafür halten. Alles im Universum ist in Bewegung.

Also zurück zum Thema der Erleuchtung. Der Hauptfeind ihrer Offenbarung, ihres Erinnerns, ist in uns allen das Urteilen. Mit Urteilen meine ich Analyse und kritische Untersuchung. Das verwandelt eine enthüllte Wahrheit in ein Konzept.

Wenn wir da drüben nach Erleuchtung suchen, das ist es nicht. Wenn wir versuchen, durch ein Übungsprogramm oder Entbehrungen Erleuchtung zu finden, das ist es nicht. Jeder der Wege, die Erleuchtung als etwas hinstellen, das es zu erreichen gilt, ist es nicht. Erleuchtung ist kein Objekt des Intellekts, sondern nichts weniger (oder mehr) als die absolute grundlegende Natur dessen, wer wir sind, wenn wir die Trennung fallen lassen, die durch die für das „mich" angelegte Rüstung entstand. Dann gibt es keine Dualität mehr.

Ich muss an Nasrudin denken. Eines Abends, nach Einbruch der Dunkelheit, war er draußen vor seinem Haus, unter der Straßenlaterne, ging ringsherum und starrte dabei auf den Boden, so als ob er etwas suche. Schon bald fanden sich Freunde und Nachbarn ein, die alle mit ihm liefen und unter den Laternen nachschauten.

Nach einer Weile fragte ihn einer der Freunde: „Mullah, was suchen wir eigentlich?"

Nasrudin antwortete: „Meine Hausschlüssel." Zufriedengestellt suchten der Fragesteller und die übrigen weiter im Kreis herum. Nach einer weiteren Weile, inzwischen war fast das ganze Dorf versammelt, meldete sich jemand zu Wort, der entweder etwas dümmer oder etwas klüger als die anderen war: „Mullah, wo waren die Schlüssel, als du sie zuletzt gesehen hast?"

„Im Haus", sagte Nasrudin. „Aber hier draußen ist es viel heller!"

So ist es. Wir suchen nach Erleuchtung, wo das Licht ist, wo jedermann sucht, und die ganze Zeit ist sie genau hier drinnen.

6

Die Segnungen des Normalseins

Normalsein ist einfach zu schwierig! Wir wollen alle etwas Besonderes sein, getrennt, besser als andere, oder in einigen Fällen sogar schlimmer als andere, wenn wir lieber auf einem Minderwertigkeitskomplex statt auf einem Überlegenheitskomplex bestehen.

Das Problem mit dem Getrenntsein besteht darin, dass es uns in die Lage bringt, sehr klein und daher vielleicht abwehrend und reaktiv zu sein. In unserer Trennung sind wir nur eine winzige Abstraktion dessen, was da wäre, wenn wir nur unsere unendliche Realität erkennen könnten.

Wir haben viel von Stille gesprochen. Doch die meiste Zeit reden wir von Stille wie von einem Objekt, einem Werkzeug, dass wir in unserer Arbeit anwenden. Tatsächlich aber ist die dynamische Stille ein Seinszustand, nicht etwas, das wir tun, und ließe sich beschreiben als Gott, der nach außen schaut.

Bei einer Gelegenheit beschrieb jemand meine Arbeit so, dass ich die Menschen lehre, „sich zurückzulehnen und die Arbeit dem Schicksal zu überlassen. Das ist ein bisschen, wie wenn wir jemandem beim Ertrinken zuschauen und sagen, sie haben die innere Weisheit zu schwimmen in sich, also werde ich ihnen keinen Rettungsring zuwerfen. Ja, die dem System innewohnende Intelligenz weiß am besten, wie heilen, aber manchmal muss den

Klienten geholfen werden, den Zugang zu finden, und Stille und Zuhören sind nicht immer genug."

Dies, fürchte ich, zeigt ein unvollständiges Verständnis dessen, was Stille ist. Viele Menschen sprechen von Stille und viele Menschen nehmen das Wort „Stille" in ihre Lehren auf. Sehr wenige aber scheinen den Seinszustand, der die Stille ist, wirklich zu verstehen.

Wenn jemand ertrinken würde, würde ich ihm bestimmt einen Rettungsring zuwerfen. Bei zwei Gelegenheiten in der Vergangenheit bin ich sogar ins Wasser gegangen, um jemanden rauszuholen. In beiden Fällen wandte ich eine ziemlich mechanische Beatmungstechnik an. Die eine Person erholte sich. Die andere nicht. Er war zehn Minuten unter Wasser gewesen, bevor ich ihn entdeckte, und ich verbrachte zwanzig Minuten mit Mund-zu-Mund-Beatmung an einem leblosen Körper, bevor die Sanitäter ankamen und übernahmen.

Andererseits, wenn die Leute aus freien Stücken zu mir kommen und sagen: „Mir fehlt nichts, ich spüre einfach, dass es da noch was anderes gibt!", oder „Es scheint, als ob ich irgendwann, unterwegs etwas verloren habe," dann versuche ich, einfach in absoluter Gedankenstille dazusitzen und zuzuhören. Die Geschichte erzählt sich in der Leere. Es gibt keinen Rat, kein Urteil, nur die Leere. Die Heilung liegt im Hören, und die Tiefe der Leere reflektiert häufig die Tiefe der Heilung.

Es mag Sie interessieren, dass das chinesische Zeichen für „Zuhören" fünf Elemente enthält: Ohr, Du, Auge, ungeteilte Aufmerksamkeit, Herz. Interpretieren wir das: „Ich sitze, mit all meinen sensorischen Mechanismen eingeschaltet, achte ganz aufmerksam auf die Geschichte, die erzählt wird, höre vom Herzen aus zu, ohne jedes Urteilen." Das bedeutet, dass mein persönlicher Prozess da nicht hineinspielt. Ich muss nicht reagieren. Ich muss keinen Rat erteilen. Ich brauche nur zuzuhören. Welch kraftvolle Dynamik das ist! Eine, an die wir uns vielleicht erst erinnern können, wenn wir sie erfahren haben.

Viele Heilpraktiker aus vielen Ländern kommen ganz einfach zu den Kursen, weil sie eine Bestätigung für ihre Erfahrungen aus der Arbeit mit Klienten auf sehr tiefen Ebenen suchen. Diese Erfahrungen stehen zuweilen in scheinbarem Widerspruch zu Erfahrungen, die sie, wie ihnen vielleicht beigebracht wurde, machen sollten.

Wie beinahe jeder Zustand, jede Verfassung, lässt sich die Stille auf vielen Ebenen interpretieren. Es lohnt, zu wiederholen, dass es eine vollkommen gültige Ebene der Stille gibt, die einfach nicht bewegen bedeutet. Es gibt eine weitere vollkommen gültige Ebene der Stille, die Bewegung beinhaltet, aber dabei ist der Beobachter nicht mit der Bewegung identifiziert. Es gibt eine noch tiefere Ebene der Stille, die einfach die Quelle aller Schöpfung ist.

Die Schwierigkeit ist immer da, wo eine Ebene mit einer anderen verwechselt wird. Gebt dem Kaiser, was des Kaisers ist, und Gott, was Gottes ist.

Dies Gebiet gewinnt aus meiner Sicht immer größere Bedeutung. Es ist ausschlaggebend für jede Kommunikation und jede Beziehung, dass die richtige Ebene getroffen wird.

Der Spruch *Männer sind vom Mars, Frauen sind von der Venus* beinhaltet, wenn wir nicht dieselbe Sprache desselben Ortes sprechen, wir aneinander vorbeireden. Wir sind nicht in Kontakt.

Um von dem inneren Ort auszugehen, den man als spirituell bezeichnen könnte, ist es nötig, die Erfordernisse und Gebote des Intellekts bis zu einem gewissen Grade aufzugeben. Vielleicht müssen wir die Tatsache absorbieren, dass der spirituelle Geist, obwohl der Intellekt eine der unzähligen Formen sein mag, die er annimmt, nicht dem Intellekt unterworfen ist. Damit meine ich, dass das Anstrengen, größere Mühen aufwenden, nicht der Weg zur Enthüllung des Geistes ist. Der Weg ist das Aufgeben von Konstrukten, von denen das größte und komplexeste das persönliche Ego ist. Das Ego ist ein Konstrukt und, so könnte man sagen, hat keine andere inhärente Existenz als die, die wir ihm zuschreiben.

Ich verwende das Wort „Geist" (Spirit) immer in einem Sinn, der gemeinschaftlich ist, kausal, eine Einheit, nicht getrennt von all den Formen, die er annimmt. Ich beziehe mich nicht auf etwas, das meines und unterschieden ist. Ich erkenne eine persönliche Seele an, bin aber in meiner wahrgenommenen Individualität eine Form, die der universelle Geist angenommen hat. Daraus folgt, dass ich, wenn die Zeit kommt und das Ego und der Körper ihren Zweck erfüllt haben, mein Gefühl des Getrenntseins verlieren werde.

Mir scheint, dass die Frage „Was ist Geist?" enorm kompliziert ist, doch auch notwendig, ein bisschen darum zu ringen, oder wir werden mit Bezug auf den relativen Wert unserer selbst und der Werke, die wir verrichten, weiter die Richter bleiben.

Ich glaube und bedauere, dass ich anscheinend in einigen Kreisen Verwirrung stifte, da gewisse Personen das, was ich in der Klasse oder schriftlich äußere, so interpretieren, als ob ich nahelegte, dass einige Arten von Arbeit besser als andere seien und dass das, was ich fördere oder lehre, besser sei als das, was einige andere lehren.

Eigentlich habe ich keine solche Vorstellung, und die Personen, die mit mir gearbeitet haben, wissen und akzeptieren das voll und ganz. Die Erfahrung, die sie machen, ist das Hinzufügen einer weiteren Dimension, oder das Loslassen von einengenden Vorurteilen im Hinblick auf das, was immer sie tun, anstatt eine Alternative zu dem zu finden, was sie tun. Es ist eine Sache von und/und, nicht von entweder/oder.

Die Ebene gesteigerter Bewusstheit äußert sich in den Handlungen und Wahrnehmungen der Menschen, ganz gleich, ob sie ganz mechanische Aufgaben ausführen oder ob sie eine mehr esoterische Weltsicht haben.

Bis hierher war das vermutlich eine notwendigerweise linkshirnige konzeptionelle Erklärung des Stoffes. Lassen Sie mich versuchen, ein paar einfache Bilder zu malen.

Entweder ich nehme einen Block Marmor und einen Hammer und meißele ihn zur Form des Buddha, oder ich versenke mich mit dem Marmor tief in eine meditative Kontemplation und lasse nur den Geist des Buddha sich selbst ausdrücken. Dass gemeißelt werden muss, ist kein Rückzug vom Geist, vielmehr ist diese Handlung ein Ausdruck des Geistigen. In diesem Beispiel steckt natürlich die Annahme, dass ich weiß, was ein Bildhauer tut, dass ich mein Handwerk gelernt habe und dass ich die Begabung in mir habe, den Ausdruck der Form möglich zu machen und den Marmor lesen kann. Es ist unwahrscheinlich, dass das eine intellektuelle Studie ist, es ist eher ein tiefes Wissen. Das war anscheinend Michelangelos Zustand, als er seinen *David* kontemplierte.

Wir können jedoch aus diesem edlen Beispiel ableitend sagen, dass der Geist in so profanen Handlungen wie dem wöchentlichen Einkauf, Abwasch und Kloputzen gleichermaßen präsent sein kann.

Alle Handlung, Gedanke und Rede kann aus einer aufmerksamen Ebene entspringen und in völliger Bewusstheit geschehen, oder kann mechanisch sein. Ich behaupte, dass der Unterschied stets sichtbar ist! In diesem Kontext setze ich Geist mit Achtsamkeit gleich. Da ist so ein kleiner Topf mit Wörtern – Achtsamkeit, Geist, Präsenz –, die in Wechselwirkung miteinander stehen und die wir manchmal alle brauchen, damit es das ganze Bild ergibt.

Das Wichtige ist, die Vorstellung zu transportieren, dass der Geist zwar alles durchdringt, ursächlich für alles ist, aber nicht alles den Geist zum Ausdruck bringt.

Die Ebenen müssen übereinstimmen, damit es Kommunikation geben kann. Die Weisheit hat ihren Sitz im Herzen und ist die verkörperte Artikulation der Dichter. Dass das Herz sehr intelligent ist, indem es ohne Unterlass Blut herausschießt und in den Kreislauf durch den Körper schickt, ist eine Parallele, aber keine spirituelle Aussage. Beide Aussagen sind gültig und bestehen nebeneinander. Die eine ist objektiv nicht besser als die andere. Für einen Mystiker oder eine Ärztin mag die eine subjektiv besser sein als die andere – das ist alles.

Haben Sie jemals eine tief greifende Erfahrung gemacht? Vielleicht ein nahezu überwältigendes Erlebnis, dass alle Dinge am richtigen Platz sind und genau so, wie sie sein sollten? Einen „Heureka"-Moment sozusagen. Und haben Sie danach versucht, diesen Moment anderen mitzuteilen und ihre Gefühle zu beschreiben? Und haben Sie dann, fast unmittelbar, gewünscht, es nicht getan zu haben? Das ist deswegen, weil wir auf einer Ebene sprechen und auf einer anderen gehört werden. Einfach das; es passiert oft.

Eine der größten Aufgaben in der Annäherung an die Erleuchtung könnte darin bestehen, das Urteilen aus dem Bewusstsein zu entfernen. Dies oder jenes ist. Das ist es. Es ist nicht besser oder schlechter. Objektiv ist es. Ob es für mich besser oder schlechter ist, hängt von meiner unverdauten Lebenserfahrung ab.

Kann irgendein Urteil absolut sein? Kann irgendein Urteil objektiv sein? Ich bezweifle es. Da das so ist, glaube ich, dass wir, wenn wir das Gebiet der Spiritualität betreten, ungemein offen und uns bewusst sein müssen, dass alle unsere überzeugt gehegten Ansichten eher Spiegelungen unserer Geschichte sind als Feststellungen der Wahrheit. Die Wahrheit ist da, natürlich ist sie das. Wo sonst sollte sie hingehen? Aber sie offenbart sich nur einwandfrei, wenn die Wahrheit selbst spricht, nicht wenn wir versuchen, die Wahrheit auszusprechen.

Anders ausgedrückt wäre das vielleicht, wenn wir still genug und nicht mit Konzeptbildungen beschäftigt sind, wenn sich etwas der Wahrheit sehr Nahekommendes zu erkennen gibt, vielleicht durch Rede. Die Wahrheit und das Mittel, die Wahrheit auszusprechen, sind eins.

Wir kehren zu der Vorstellung zurück, dass das, was zählt, die Lehre ist und nicht der Lehrer. Die Begleiterscheinung, die hier anzusprechen ist: Wenn wir über die Wahrheit sprechen, sprechen wir auf einer bestimmten Ebene. Alle Ebenen haben ihre Geltung auf der Ebene, auf der sie sich formieren. Es stimmt nicht, dass eine Wahrheit auf einer Ebene auf einer anderen ebenso gültig ist. Dies nicht zu erkennen führt zu so viel eigensinniger Bigotterie und Gewalt.

Auf der tiefsten Ebene kann es kein Arbeiten *mit* dem Geist in einer Subjekt/Objekt-Beziehung geben, nur den dynamischen Ausdruck *durch* den Geist.

Diese Ebene ist vom Ego oder Intellekt aus einfach nicht zugänglich. Ich habe keine Zweifel, dass der Weg zum Praktizieren auf dieser Ebene in der Preisgabe eben jenes Ego oder Intellektes besteht, und nicht in einem Aufpolstern der Abwehrkräfte oder des Waffenarsenals – das Angriff- oder Flucht-Syndrom. Einer der Vorteile des Aufgebens, wenn es echt ist, gespürt wird und nicht nur ein Konzept: Dann ist es nicht mehr notwendig, die Erfahrung von jemand anderem als falsch abzutun. Es ist vielmehr schön, den Unterschied festzustellen. Vielleicht rede ich eigentlich übers Älterwerden: Es kann doch ein Trost sein, nicht mehr so hart kämpfen zu müssen.

Dies ist kein Vorschlag, das Ego und/oder den Intellekt zu beseitigen, aber wir können sie von Zeit zu Zeit Gott überlassen, dem Dao, dem Geist, welchen Namen Sie dafür auch wählen mögen. Das Konzept einer solchen Hingabe ist nicht besonders populär. Es hat einen unheilvollen Beigeschmack und flößt Angst und Schrecken ein. Relevant ist hier aber ein Zitat aus dem *Tao Te King* von Laotse:

> *Der Berufene häuft keinen Besitz auf.*
> *Je mehr er für andere tut,*
> *desto mehr besitzt er.*
> *Je mehr er anderen gibt,*
> *desto mehr hat er.*
> *Des Himmels Sinn ist segnen ohne zu schaden.*
> *Des Berufenen Sinn ist wirken ohne zu streiten.*

TAO TE KING, 81
(ÜBERSETZT VON RICHARD WILHELM)

Das Seltsame an einem spirituellen Weg ist, je tiefer man eintaucht, umso normaler, gewöhnlicher scheint er – was besonders sein will, ist das Ego –, und was vorher das Normale war, fühlt sich nun furchtbar pathologisch an, was es tatsächlich auch ist, denn es war nie etwas anderes als eine chronische Anhäufung von unverdauten Lebenserfahrungen.

7

Liebe und Angst

Wir haben die Gewohnheit, immer nach außen zu schauen und zu denken, dass wir Weisheit und Mitgefühl von einer anderen Person oder dem Buddha und seiner Lehre (Dharma) oder unserer Gemeinschaft (Sangha) bekommen können. Aber Sie sind der Buddha, Sie sind der Dharma, Sie sind der Sangha.

THICH NHAT HANH, 2009

Ich halte es für nützlich, die Wörter „Liebe" und „Angst" zu untersuchen. Mit beiden beschäftige ich mich in jüngerer Zeit vertieft.

Auf der Ebene des Fühlens oder der Emotionen repräsentieren sie, in meiner These, die beiden primären Emotionsformen, die aus der Leere hervorkommen. Alle anderen Emotionen sind Ableger der einen oder der anderen.

Sie sind die großen relativen Gegensätze des Fühlens. Ich sage relativ, weil sie keine Greifbarkeit als Formen haben, sondern auf der Gefühlsebene Reaktionen auf Stimuli sind. „Wenn die Bedingungen soundso sind, entsteht dies, und wenn die Bedingungen soundso sind, entsteht das." Es gibt eine Beziehung oder

75

Verhältnismäßigkeit zwischen dem, was vor sich geht, und unserem Sinnesapparat. Ein Miteinander des Praktizierens, könnten wir sagen. In der Stille ist es möglich, dieses Spiel zu beobachten.

Sie, die Emotionen existieren nicht auf einer absoluten Ebene. Diese Aussage könnte absolut wahr sein: Allerdings nützt mir das auf meiner relativen „*mir*" Ebene nicht, außer als Konzept. Es ist nur selten eine Erfahrung.

Das, was ich hier schreibe, muss daher, wie alle Erklärungen von Konzepten, auf der relativen Ebene bleiben. Es ist schwer zu erfassen, aber alle Aussagen über das Absolute sind konzeptionell.

Bei einigen von uns geschehen unsere gefühlsmäßigen Reaktionen auf Situationen, ob die Stimuli nun von innen oder außen kommen, ziemlich bewusst. Bei anderen herrscht ein dunkles Geheimnis, das bis zu einem Punkt überwältigen kann, wo wir in einem Meer der Reaktivität zu versinken scheinen.

Wie bei allen Gegensätzen, wenn Angst vorherrscht, zeigt sich weniger Liebe, und umgekehrt.

Ich nehme Liebe und Angst als Einheit wahr, sozusagen wie Licht und Dunkelheit; wenn das eine sichtbar ist, ist es das andere weniger. Wenn eines ganz gegenwärtig ist, ist das andere außerhalb des Gewahrseins. Letzteres ist ein sehr machtvoller Gedanke. Nichts stirbt. Diese Emotionen bleiben Teil der menschlichen Erfahrung.

Ich schlage vor, dass kein Objekt dabei sein muss. Wenn wir die Liebe kultivieren können, beseitigen wir die Angst nicht, das können wir nicht tun, aber in dem Ausmaße, wie wir fähig sind, die Liebe zu kultivieren, indem wir unser Gewahrsein auf sie richten – auf ihre Enthüllung –, verringern wir unser Gewahrsein, unsere Identifikation mit der Angst. Die Liebe braucht also nicht auf jemanden oder etwas projiziert zu werden, sie ist nun der Grund, von dem aus wir alles Fühlen manifestieren, und die Basis, auf der wir lehren können. Wann immer wir vom Kern oder der Basis her kommen, befinden wir uns in dem, was Sportler ihre „Zone" nennen mögen.

Da ist nur das, was ohne irgendeine bestimmte, offensichtliche, getrennte Ursache da ist. Vielleicht kann man sagen, dass die Lehre spricht, und ich höre einfach nur, was herauskommt. In dem Moment, wie lange er auch dauern mag, gibt es kein „mich", das etwas konstruieren müsste. (In diesem Moment kommt mir in den Sinn, dass dasselbe Paradigma überall operiert, in allen Aspekten des Lebens, nicht nur auf dem Gebiet des Fühlens – aber das ist wohl eine andere Geschichte.)

Ich habe gesagt, dass wir Gefühle manifestieren, anstatt dass Gefühle sich in uns manifestieren. Ich glaube, dass die Formen, die die Gefühle annehmen, eher eine Reflexion oder ein Ausdruck unserer unverdauten Lebenserfahrung als etwas Gegebenes sind. Wir sind in dem Sinne Opfer, dass wir dessen nicht gewahr sind, sondern weitgehend zulassen, gegenüber den gespeicherten und ungelösten emotionalen Erfahrungen, die wir angesammelt haben, reaktiv zu bleiben, auch wenn diese nicht mehr geschehen.

Ist diese Definition des Leidens – weil es das wirklich ist – aus christlicher Sicht schwierig? (Die christliche Sicht hat, genau wie die buddhistische, viele Facetten. Beide haben so viele Ebenen, und diese Annahme beziehe ich auf alle Religionen.) Ich glaube nicht, dass es schwierig sein muss. „*Wisst* Ihr nicht, dass euer Körper der Tempel des innewohnenden Heiligen Geistes ist?" (1 Korinther 6; *Wisst* habe ich in Resonanz zu „sich *bewusst* sein" kursiv gesetzt). Die hl. Teresa von Avila stellt klipp und klar fest, dass unser Studium primär uns selbst zu gelten hat.

In derselben Weise, wie ich vertrete, dass Liebe und Angst nicht projiziert, sondern in ihrer Essenz erkannt werden müssen, vertrete ich weiter, dass Gnosis nicht projiziert werden muss, sondern sich durch den Heiligen Geist enthüllt, der innewohnt.

Ich benutze oft das Wort „Enthüllung". Enthüllung geschieht nicht in Geschäftigkeit. In Geschäftigkeit ist der Raum zu angefüllt mit Erfahrungen, als dass es Platz für Ausweitung des Gewahrseins gäbe.

Die Leere ist selten, aber das Kultivieren der Nichtidentifikation mit dem, was im Spiel des Verstandesgeistes auftaucht, dient sehr wohl dazu, dem so mit Aufmerksamkeit energetisierten Tanz der Form etwas Nahrung zu entziehen. Die Stille ist kein Tun, sie ist ein Zustand der Nichtaufmerksamkeit gegenüber dem Tanz. Vielleicht wäre uns noch mehr gedient, wenn wir ein volleres Gewahrsein unserer Emotionen (sie müssen gehört werden) damit kombinieren, sie weniger zu füttern, indem wir nicht – wie in der analytischen Versachlichung einiger therapeutischer Modelle – versuchen, sie loszuwerden.

„Und der Friede Gottes, der alle Vernunft übersteigt, bewahre eure Herzen und Sinne in Christus Jesus" (Philipper 4. 7). Was bedeutet „alle Vernunft übersteigt", wenn nicht außerhalb des Intellekts, nicht durch ihn bedingt?

Vielleicht gibt es hier ein Echo zu der Aussage „Nirvana ist jenseits der Extreme", aus einem der *vier Siegel*, wie sie genannt werden, die einen Buddhisten kennzeichnen. „Jenseits der Extreme" bedeutet in diesem Fall, nicht der Definition durch den Intellekt unterworfen, oder „über alles Verstehen hinausgehend". „Wenn wir das Wesen der Wirklichkeit durchdringen, ist es auch möglich, dieses Aufhören des Verstandes zu erreichen, und wie das vierte Siegel besagt, ist solch ein Aufhören oder solche Befreiung der wahre Frieden" (Dalai Lama).

Ich schlage vor, dass der christliche und der buddhistische Standpunkt darin so ähnlich sind, dass die Enthüllung aus dem Geistigen/der Leere entsteht, in beiden Fällen undefinierbar, und Form und Gestalt in dem relativen „mir" annimmt. Das relative „mir" ist das, in dem Gott lebt, das aber nicht Gott ist. Ausgenommen auf der Ebene der Absolutheit, die ich nicht begreifen kann, da ich sonst das Absolute auf ein Konzept reduziert hätte, auf ein Objekt!

Sie alle sind Buddhas! Wachen Sie dazu auf!

Ich möchte lieber in Frieden ruhen als in Glückseligkeit, die reaktiv ist. Frieden, so könnten wir sagen, ist proaktiv. Dies Konzept gefällt mir sehr gut.

Irgendwie bekam ich von Anthony Bloom (Metropolitan Anthony) die folgende kleine Gabe, die aus einem Zitat von Jacob Needleman entstand und in *Lost Christianity* (Verlorenes Christentum), Jeremy P. Tarcher/Penguin 1980, berichtet wurde. Anthony sagt: „Im Gebet ist man verletzlich, nicht enthusiastisch. Und dann haben diese Rituale eine solche Kraft. Wie eine Lokomotive treffen sie dich. Du darfst weder enthusiastisch noch ablehnend sein – sondern nur offen. Das ist das gesamte Ziel der Askese: offen zu werden." Ich las das und dachte an die Aussage „Lass die Arbeit die Arbeit tun" und erkannte wieder einmal, dass wir alle tatsächlich eins sind, der Rest ist Dogma ... und weinte vor Freude.

Ist Frieden, der Friede, der alles Verstehen übersteigt, dann das Substrat aus beidem, Liebe und Angst? Ich erfahre, dass es so ist, aber ich weiß nicht, wie es anschalten!

Es *ist*. Einfach nur das, wenn alles andere losgelassen und auf das Ringen um *Verstehen* verzichtet wird.

Die Ideen dieses Kapitels sind wunderbar anschaulich gemacht in dem Feedback, das ich vor Kurzem von Nicola Davies bekam.

***Wow** Mike. Das fasst meine Woche in Frankreich so ziemlich zusammen. Der starke Widerstand, hinzugehen, die Fassungslosigkeit und totale Verwirrung, die ich schon monatelang spüre. Ich fühlte mich die meiste Zeit letzte Woche wie ein Tier im Käfig, rastlos, doch voller Energie (ich schlief jede Nacht nur maximal zwei bis drei Stunden), und außerdem war da dieses tief empfundene Misstrauen gegenüber meinen Häschern. Ich schaute oft zum Hügel hinter deinem Platz und hatte so ein Verlangen, den Hügel hochzurennen in die Wälder oben – ich fühlte mich wild, voller Übermut und Verspieltheit, und da war diese tiefe Sehnsucht, frei zu sein. Es war extrem schwierig für mich, nach Frankreich zu kommen. Der*

Widerstand war massiv, aber irgendetwas hat mich hierher gebracht.
Eine Woche vor dem Kurs ging ich mit meinen Hunden im Wald
spazieren und hatte plötzlich innegehalten, mit einer blitzartigen
Erkenntnis, dass ich nichts mehr tun konnte, ich musste es einfach
geschehen lassen und das war's – es gab kein Verhandeln.

Das war, was ich jeden Morgen im Boot an der Mühle machte,
ich betete einfach um Hilfe und den Mut, was immer hochkommen
würde, durchstehen zu können und mit dem Weglaufen aufzuhören.
An dem Donnerstag verlagerte sich etwas und vermutlich sank
ich auf eine neue Ebene oder kam in den Körper. Ein wenig mehr
Vertrauen stellte sich ein, die Möglichkeit, dass es in Ordnung ist,
hier zu sein (ich meine lebendig hier zu sein), und eine riesige
Erleichterung. Nach „Verkörperung 2" war ich so wütend auf dich,
Mike (genau genommen drei Monate lang), und war desillusioniert,
enttäuscht von dir und deiner Arbeit und das war sehr ungemütlich.

Ich weiß nicht, was mich nach Frankreich brachte, aber etwas
war da, das wusste, dass ich hinmusste, und nun bin ich froh, dass
ich kam. Mein Herz tat mir in den vergangenen Monaten sehr weh,
und ich sagte dir, dass ich dieses Herzrasen hatte und es sich anfühlte
wie ein Schraubstock, der mir die Brust eindrückt – das hinderte
mich am Weglaufen, so wie ich es immer getan hatte. An jenem
Morgen lief ich eine lange Strecke, aber das war anders, meine Brust
fühlte sich frei an und ich spürte, dass ich nicht aus Wut lief. Ich lief
aus Freude am Laufen, weil ich es konnte, weil ich frei war, es zu
tun – und das war wundervoll. Wie üblich finde ich keine Worte.

Danke, Mike. Mit viel Liebe von Nicola.

Alle in unserer Gruppe waren sehr bewegt von Nicolas strahlender Heiterkeit am letzten Tag. Die Arbeit hatte sich getan und wir alle waren gesegnet. Michael, einer von uns, drückte es so aus: „Ich glaube, der am meisten befriedigende Aspekt des dreiteiligen Kurses war der lichtvolle Frieden, der von Nicola am Ende der Woche ausstrahlte."

Wer da ein Pfadvollender ist,
Von Sorge frei, allseits erlöst,
Der aller Banden ledig ist,
Für den besteht kein Fiebern mehr.

Dhammapada, Vers 90
(ÜBERSETZT VON NYANATILOKA,
DHAMMAPADA,
UTTENBÜHL, 1992)

Wenn ich mich damit in Beziehung setze, geht die Reise ins Gewahrsein, in die Präsenz, und ist kein linearer Prozess durch dies konzeptionelle Leben. Der Kummer hängt sich an das Unwesenhafte. Die Freiheit liegt in der Präsenz, nicht in Reaktivität, die Bindungen sind die unverdauten Lebenserfahrungen und das Fieber ist das Bestreben des Intellekts.

8

Der Segen der Ungewissheit

Aus der Angst, die im letzten Kapitel besprochen wurde, ergibt sich, dass wir nun die Ungewissheit, einen Ableger der Angst, betrachten sollten. Das meiste meiner Arbeit ist um die Frage konstruiert, wie mit der Ungewissheit umgehen, von der ich eine Menge habe, und wie sie in eine Stärke verwandeln.

Falls gemäß Erich Fromm das Aufkommen des „reifen Menschen" das Ziel sowohl des orientalischen Zen als auch der okzidentalen Psychoanalyse ist, und falls der Mensch auf dieser Ebene seine kleinlichen Ängste vor der Ungewissheit, seinen Hang zu einseitig logischer Vernunftbegründung abgeschüttelt hat, gibt es Hoffnung, dass die Menschen zu einem besseren Begreifen der Bedeutung von Wirklichkeit kommen. Dass dies das Abschütteln der Gier in all ihren Formen und die Überwindung der Egoanbetung beinhaltet, versteht sich von selbst. Folglich kann ein Satori oder das, was wir als Erleuchtung zu definieren versuchen, in der letzten Analyse zweckdienlich sein, als Instrument für das Erscheinen einer Person auf dem Gipfel ihrer Reife, in so weitgefasster Bedeutung wie möglich, und innerhalb eines durch und durch humanistischen Bezugsrahmens.

PAUL NEWMARKT,
Journal of Evolutionary Psychology, 2002

Wichtig anzumerken ist an Fromms Zitat, dass er gesagt hat, „seine kleinlichen Ängste vor der Ungewissheit abschütteln". Er sagt nicht, „seine Ungewissheit abschütteln". Da ich, so nehme ich an, höchst ungewiss bin, spendet mir diese Aussage großen Trost.

Als Lehrer und als Person, vielleicht besser als Person, die lehrt – um zwischen dem, wer ich bin, und dem, was ich manchmal tue, zu unterscheiden –, wird von mir nicht verlangt, perfekt zu sein. Von mir wird nur verlangt, auf eine Ausweitung des Gewahrseins meiner Unsicherheiten hin zu arbeiten, und auf die Zunahme der Fähigkeit, mitfühlend mit ihnen zu sein. Ich würde Mitgefühl erklären als das Sehen dessen, was ist, so vollständig wie möglich, ohne Urteilen. „Ohne Urteilen" ist die schwierige Stelle und gleichzeitig das Tor zum Gewahrsein.

Um die jetzige Jahreszeit (Februar) scheine ich wenigstens seit einigen Jahren in eine Periode schwarzer Depression einzutreten. Das ist mein „melodramatischer" Monat. Diese Periode mahnt mich an die Sterblichkeit und meine verkörperlichte Erfahrung, warum ich den Segen der Unsicherheit lehre, vielleicht sogar meine Rechtfertigung, ein solches Thema zu lehren.

Ich würde sagen, dass wir alle bis zu diesem oder jenem Grad an Unsicherheit leiden. Meistens bemühen wir uns, sie zu beseitigen oder wenigstens zu maskieren. Selten sehen wir sie als eine Gabe, die uns am schmalen Grat der Präsenz dessen hält, wer wir unter all unserer Reaktivität und Entmachtung wirklich sind, einer Entmachtung, die aus unserer Identifikation mit den angehäuften unverdauten Lebenserfahrungen resultiert. Wir sind nicht diese Erfahrungen, doch wir lassen so leicht zu, dass wir zu deren Opfer werden.

Irgendwo gibt es eine lebhafte Beschreibung von diesem schmalen Grat. Es wird verglichen mit der „Rasiermesserschneide, von der wir Honig lecken". Genauso fühlt sich die Arbeit mit der Ungewissheit an.

Ich habe die Angewohnheit, arbeitssüchtig zu sein. Das ist nicht, wer ich bin, es ist etwas, woran ich leide. Wenn ich mich an mein Praktizieren halte und mehrmals täglich meditiere, kann ich dies Leiden wahrnehmen, anstatt nur zu reagieren, und kann dann mit mir selbst mitfühlend sein und alles „*sollte*" aus der Gleichung herausnehmen, und beobachten, was ich tue. In diesem Beobachten, ohne Konzepte zu bilden, liegt die Erleichterung: Ich erkenne, dass ich gerade meditiere und nicht getrieben werde, und das Leiden ist nicht mehr da.

Wenn ich dies Thema lehre, lehre ich nicht von einem Ort der Überlegenheit, sondern von einem Ort, der mit allem Leiden in Resonanz ist. Was angeboten wird, ist das menschliche Wesen mit Warzen und allem, und die Studierenden scheinen das wertzuschätzen. Es gibt Resonanz; es gibt gemeinsames Praktizieren, keine Didaktik. Ein anderes Kapitel wird „die Lehre, nicht der Lehrer" behandeln, doch dies ist Einführung dazu.

Wenn ich, wie viele gewöhnliche Menschen, aus dem Praktizieren herausfalle und in eine irgendwie geartete Krise gerate, dann bedeutet das eine Mahnung an meine Unaufmerksamkeit und ich habe wieder eine Wahl. Das ist der Segen.

Es ist so leicht, zu glauben, dass das, was wir fühlen und denken, tatsächlich ausmacht, wer wir sind. In meinem Kopf weiß ich, ich bin das nicht, was immer auftaucht, hat keine intrinsische Permanenz. Ich weiß das und es ist die Grundlage dafür, sich Buddhist nennen zu können, aber es *fühlt* sich mitten in der Erfahrung längst nicht so an. Die Entmachtung liegt in der Reaktivität; das Gewahrsein ist das Loslösen von der Entmachtung.

Lassen Sie uns einmal anschauen, was der Buddhismus zur Unsicherheit sagt. Es gibt da nur vier Grundsätze (bekannt als die Vier Großen Siegel).

1. Alle Dinge sind unbeständig und es gibt kein wesensmäßiges Konzept oder Substanz von Dauer.

2. Alle Emotionen bringen Schmerz und Leiden und es gibt keine Emotion, die reiner Genuss wäre.

3. Alle Phänomene sind illusorisch und leer.

4. Erleuchtung ist jenseits von Konzepten.

Zufällig sagt Dzongsar Jamyang Khyentse über Erleuchtung, dass sie „nicht ein vollkommener, glückseliger Himmel ist, sondern eine Befreiung von Verblendung".

Viele Menschen haben von den Edlen Vier Wahrheiten des Buddhismus gehört. Sie sind wichtig; sie sind ein wunderbarer Weg zu einem fokussierteren Leben; und sie sind *relativ und unbeständig* in Bezug auf die Kriterien der Großen Siegel, die ich unterschreibe.

„Der Buddhismus kommt am nächsten an die Beständigkeit heran, wenn er sagt, dass wir diese Aussagen solange für wahr halten, bis jemand, ein Wissenschaftler oder sonst jemand beweisen kann, dass sie nicht wahr sind. Wenn dies geschieht, werden wir sie fallen lassen. Nach 2500 Jahren und mehr sind sie immer noch an Ort und Stelle" (Dalai Lama).

Ich habe die Ungewissheit als symptomatisch für unverdaute Lebenserfahrung beschrieben. Letztere kristallisiert zu einer Form, die wir für unsere Identität halten. Es ist diese Form, diese scheinbar solide Identität, die uns diktiert, was wir lehren, was wir lernen und woher wir kommen, wenn wir das eine oder das andere tun. Für einen irgendwie gearteten Anspruch darauf, das Auftauchen des Geistes zu ermutigen, wobei der Geist wirklich kein Objekt des persönlichen Intellekts ist, vielmehr sein Grund, müssen wir wenigstens etwas von dem opfern, was uns getrennt hält – eben genau das individuelle Selbst, welches unbeständig ist.

Für ein volles Leben
muss ich am Rand zur Ungewissheit leben.
Dort ist Dynamik und
jede Minute oder Tag,
an dem ich in jener Dynamik lebe,

weiten mein Gewahrsein.
Wenn ich mein Gewahrsein
nicht ausweite, sterbe ich.
Gesegnet sind die Unsicheren.

MIKE BOXHALL

Bisher habe ich in diesem Kapitel über Ungewissheit gesprochen und darzulegen versucht, dass sie nichts Schlimmes ist, sondern vielmehr eine Öffnung zu größerer Achtsamkeit. Ich habe auch die Unbeständigkeit angedeutet und dieses Konzept durch Implikation auf die Geburt ausgedehnt.

Hier möchte ich gern eine Konversation wörtlich anfügen, die zwischen mir und anderen jüngst während eines Kurses in Italien stattfand und sich mit dieser Thematik in einer Live-Sitzung befasste. Die Gespräche wurden während der Eröffnungssitzung des dritten und letzten Abschnitts eines dreiteiligen Kurses aufgezeichnet. Jeder Kursabschnitt dauerte fünf Tage. Im Austausch untereinander berühren die Beiträge auf intime Weise die Ursachen der Unsicherheit, die Formen, die sie annimmt, wie wir mit Unsicherheit arbeiten und mit den Segnungen der Unsicherheit, wenn wir sie umarmen.

Maria: Es scheint, als ob diese beiden Themen, Geburt und Tod, sehr eng verbunden sind. Und für mich persönlich gab es in dieser Zeitspanne viele Fragen, die sich um Geburt und Tod drehten.

Mike: Meine allgemeine Feststellung zu beiden ist, dass sie nicht getrennt sind. Die Geburt ist kein Anfang und der Tod ist kein Ende. Es sind Stadien in einem Kontinuum: einem Kontinuum, das fortwährend Gestalt annimmt und zur Essenz zurückfließt. So fühlt es sich natürlich nicht immer auf einer emotionalen Ebene an, die wir eine relative oder persönliche nennen können.

Maria: Vielleicht ist meine Frage: „Wie in diesem kontinuierlichen Kommen und Gehen bleiben?"

Mike: Ich glaube, die Antwort darauf muss im Gewahrsein liegen. Das, was ich „Ich" nenne, ist kein festes Objekt, es ist eine Ansammlung von Erfahrungen. Wer ist der Erfahrende dieses Dinges, das wir „Ich" nennen? Vielleicht ist er näher an der Quelle, aber dennoch notwendigerweise relativ? Mit anderen Worten, ich betrachte das Wort Gewahrsein, sich der Geburt und des Todes bewusst sein. Wenn ich wach oder bewusst bin und in der Gegenwart (was fast dasselbe bedeutet, denn bewusst sein ist gegenwärtig sein), das Gewahrsein wird weder geboren noch stirbt es. Geboren werden und Sterben sind das Objekt – das Subjekt ist das Gewahrsein, das das Gestaltannehmen beobachtet.

Ich nehme an, die Frage ist dann – und wir können sie als Frage stehen lassen – „Was stirbt und was wird geboren?" Die Schwierigkeit hierbei ist, dass die Diskussion auf der intellektuellen Ebene stattfindet. Der Intellekt selbst ist eine Form oder der Mangel an Intellekt, oder was es auch sei, welche wir beobachten können, deshalb ist es ein Gefühl. Es ist eine Manifestation dessen, was ich die Intelligenz nenne, aber das ist eine, wie ich sagte, intellektuelle Betrachtung über etwas, das nicht der Intellekt ist. In diesem Sinn ist die ganze Unterhaltung reduktionistisch; das tun wir die ganze Zeit; wir bleiben dualistisch.

Inka: Ich habe im Augenblick Mühe, genau auszudrücken, wie ich mich fühle und was ich denke. Ich habe eine Frage, weiß aber nicht, wie ich sie ausdrücken kann. Die Zeit seit unserem letzten Seminar war sehr intensiv und es ging um das Integrieren meiner Unsicherheiten und wie mit den Schmerzen im Bauch umgehen.

Mike: Was sagt dir das?

Inka: Ich habe darüber viel nachgedacht. Ich glaube, da überlappt Verschiedenes. Ich fühle mich jetzt gut, es ist völlig vorbei. Innen fühlt es sich immer noch nicht gut an, aber ich selber fühle mich ganz wohl und friedlich.

Mike: Also ist es möglich, Schmerzen zu haben und friedlich zu sein?

Inka: Zeitweise habe ich das erlebt, dass es möglich ist, mit dem Schmerz völlig präsent zu sein, und wie die Präsenz sich auf den Schmerz auswirkt, und das war sehr nützlich.

Mike: Möchtest du etwas einbringen? (an eine Person gerichtet, die noch nicht gesprochen hat)

Yvonne: Für mich sind im vergangenen Jahr viele Dinge passiert und seit dem letzten Seminar haben sich neue Wege geöffnet.

Mike: Ja, das habe ich in dir gesehen. Ich kann es nicht mengenmäßig ausdrücken, aber du scheinst neue Türen geöffnet zu haben.

Yvonne: Es war sehr chaotisch. Es ging mir nicht gut und ging mir auch vorher nicht gut, und obwohl mein Leben chaotisch ist, bin ich sehr ruhig und das ist völlig außergewöhnlich.

Mike: Ich denke, das ist möglich, und es reflektiert, was Ince über ihre Schmerzen gesagt hat. Wir können das Chaos nicht beseitigen, es gibt Chaos im Universum, es ist Bestandteil der Natur des Universums. Aber wir können eine Form der Stille entwickeln, wenn wir das Chaos beobachten, ohne es zu werden.

Yvonne: Ja, das stimmt. Die Dinge müssen sich von selbst entwickeln und das Wichtige ist, präsent zu sein – nicht sich davor schützen, darin zu sein, sondern damit zu leben.

Mike: Sicher, und irgendwie nicht zu identifiziert sein. Wenn wir darum kämpfen, das Chaos loszuwerden, was immer und wo immer es sein mag, dann führen wir tatsächlich nur mehr Energie zu, geben die Energie der Aufmerksamkeit ins Chaos hinein.

Yvonne: Ich habe auch eine Art Gewahrsein erreicht und ihr werdet alle lachen. Ich war sieben Jahre alt, als ich entschied, Ärztin zu werden (was auch geschah), und nun bin ich fünfzig Jahre alt. Einige Personen wollten mich glauben machen, dass ich damals den falschen Weg eingeschlagen hatte, aber jetzt ist mir als Tatsache bewusst geworden, dass es nicht falsch war. Und das andere, was ich noch hinzufügen möchte, es tut mir leid, dass ich zu spät kam, und dass ich während der Meditation um Klarheit bat, da ich sie brauche.

Mike: Ich denke, was du gesagt hast, ist sehr wichtig. Welcher Weg auch deiner ist, er ist genauso gut, nicht besser oder schlechter als irgendein anderer. Es kommt dabei darauf an, aufrichtig zu handeln, und niemand sonst kann dir sagen, welches dein Weg sein sollte. Alle Wege führen nach Rom, wie man in Italien chauvinistisch sagt! Auf der Ebene des Geistes führen alle Wege zur Ursache. Medizin ist ein ausgezeichnetes Mittel zum Lebensunterhalt und ist sehr nützlich. Ich hatte einen Studenten in Italien, der Waschmaschinen repariert, was auch ein gutes Einkommen ist, da er sehr aufrichtig darangeht, und er ist sehr gut darin und es ist nützlich. Craniosacraltherapie zu lehren ist ein schöner Lebensunterhalt. Wir können unmöglich sagen, das eine sei besser als das andere. Eines können wir jedoch sagen, und zwar, dass der spirituelle Mensch das, was immer er tut, vom Herzen her tut und nicht nur vom Kopf.

Stella: Ich wollte eigentlich gar nicht herkommen, aber andererseits weiß ich, dass herzukommen das Richtige ist, weil ich innehalte. Es war eine wichtige Zeit. Ich musste meiner Mutter beistehen. Bis vor Kurzem ist sie allein klargekommen, aber ich finde, ich habe eine Menge Wut auf meine Mutter. Ich glaube, dass ich das, was ich vor Kurzem mit meiner Mutter gemacht habe, gut gemacht habe und in der Lage war, meine Wut anzuschauen. Deshalb denke ich nun, dass es eine gute Sache ist, hier zu sein und sie für ein paar Tage allein zu lassen, da es bedeutet, dass ich mich von Ketten (Zwanghaftigkeit) befreie.

Mike: Ist sie bewusst oder leidet sie an Demenz?

Stella: Sie ist bewusst.

Mike: Ich erwähne das, weil die Mutter meiner Frau nicht bewusst ist, wenigstens nicht auf der offensichtlichen Ebene. Ich bin aber überzeugt, dass sogar, wenn bei Menschen im Kopf kein kognitives Denken mehr stattfindet, doch eine gewisse Ebene der Bewusstheit vorhanden ist.

Stella: Aber für mich ist es wichtig, dass meine Mutter bewusst ist, denn es bedeutet, dass ich mich nicht belügen kann. Während ich sie anschaute, fand ich heraus, dass ich sie nicht besonders mag, und dies schmerzt, weil sie meine Mutter ist. Das heißt, ich muss hierherkommen.

Mike: Sicher – ich glaube, innehalten ist sehr nützlich. Wenn wir innehalten und präsent sein können, gibt es etwas, das die ewige Gegenwart oder das Jetzt genannt wird. Die Zeit ist eine Art Konzept, sie wurde von Menschen erfunden (das ist buchstäblich wahr). Sie ist ein Konzept. Es ist fantastisch, fortwährend gegenwärtig sein zu können.

Deine Mutter hat dir keine Wut gegeben, ich glaube nicht, dass eine Person einer anderen Wut oder Ärger geben kann. Es ist eine menschliche Emotion – in uns allen, ebenso wie Angst, wie Freude. Niemand kann sie dir geben, denn sie ist kein Objekt; sie gehört zur menschlichen Psyche. Das ist sehr schwierig; wenn uns jemand die Gelegenheit gibt, unseren Ärger zu untersuchen und daran zu arbeiten, damit wir nicht so reaktiv sind, und er nicht zu mächtig ist – das ist ein Geschenk.

Stella: Tatsächlich habe ich gesagt, dass dies ein sehr guter Zeitraum ist, und hatte vor, mich zu bedanken.

Mike: Ja, verstehe – ich habe gehört, was du sagst. Ich verstärke es nur.

Stella: Ich werde nie böse auf sie, oder böse auf mich, aber ich kann sie sehr wohl sehen.

Mike: Viele von uns sind besser darin, Mitgefühl mit anderen zu haben als Selbstmitgefühl. Vielleicht ist das das nächste Stadium.

Francesca: Ich finde es sehr schwierig, zu sagen, wo ich stehe. Es war eine intensive und emotional schmerzhafte Zeit. Und es gibt da zwei Dinge: Das eine ist, dass ich an einem bestimmten Punkt realisierte, dass die Lösung für meinen Schmerz verloren ging. Damit meine ich, all diese Muster zu verlieren, die Gewohnheiten, die zu mir kamen. Und das andere, dass es an einem bestimmten Punkt ein dünner Grad ist zwischen verloren gehen und sich nicht finden, und das machte mir Angst. Das

Einzige, was ich gerade jetzt sagen möchte, ist, dass ich dabei bin, mich zu verlieren.

Mike: Okay. Was hier zu betrachten ist, wer ist das „ich", das verloren geht? Und was geht verloren? Ich habe keine schlauen Antworten, aber dies sind die Fragen, die zu untersuchen sind.

Francesca: Es ist das „ich", das ich kenne – meine Formen, Muster und meine bisherige Art, zu denken.

Mike: Das Wort, das mir in den Sinn kommt, ist Auflösung. Auflösung dessen, was ohnehin keine eigene Substanz hat, sondern eine Konstruktion ist.

Laura: Im Moment herrscht ein einziges großes Chaos. Viele Dinge sind im selben Moment präsent. Die Zeitspanne seit dem letzten Seminar war sehr intensiv und angefüllt. Ich konfrontiere Themen wie Krankheit und Tod bei nahestehenden Menschen, und während ich mich damit beschäftige, kommen Fragen über den Sinn meines Lebens. In vielen Momenten denke ich, was ich tue, sei nicht nützlich, also zweifle ich an meiner Nützlichkeit. Seit dem letzten Seminar habe ich gemerkt, wie ich vieles mit mehr Vertrauen und Kreativität mache. Das andere Thema ist, dass mehr Sachen aufgetaucht sind, die ich an mir schwer akzeptieren kann. Mir fallen tägliche Verrichtungen schwer, bei Begegnungen mit anderen Menschen und wenn ich mich auf eine andere Person einlassen muss, verspüre ich eine Art Angst. Meine Lebensstrategie war immer, mich den anderen anzupassen, und es ist so schwierig, zu erforschen: Wer bin ich? Was will ich? Welchem Weg will ich folgen?

Mike: Was mir spontan einfällt, ist, dass alles, was du sagtest, bis zu einem bestimmten Grad eine Unterseite und eine Oberseite hat. Worauf wir uns, glaube ich, konzentrieren können, ist die enorme Oberseite dessen, was du sagst, weil du eigentlich über eine Zunahme an Bewusstheit an deinem eigenen Prozess sprichst, und von da entsteht ein Gewahrsein einer Zunahme an Potenzial dessen, was du tun kannst. Indem du einige deiner Gewöhnungen bemerkst, öffnest du dir die Tür zum Nicht-an-sie-Gewöhntsein. Ergibt das Sinn?

Francesca: Ja.

Ich möchte dieses Kapitel gern mit einem Auszug aus Lewis Carroll beenden:

„Wer bist du?", sagte die Raupe.

Das war keine ermutigende Eröffnung für eine Unterhaltung. Alice antwortete, eher schüchtern: „Ich – ich weiß es kaum, Sir, gerade jetzt – wenigstens wusste ich, wer ich war, als ich heute Morgen aufstand, aber ich glaube, ich muss mich seitdem mehrmals verändert haben."

„Was soll das heißen?", sagte die Raupe streng. „Erkläre dich!"

„Ich kann mich nicht erklären, befürchte ich, Sir", sagte Alice, „weil ich nicht ich selbst bin, siehst du?"

„Sehe ich nicht", sagte die Raupe.

LEWIS CARROLL,
Alice im Wunderland

94

Februar ist mitunter ein schwieriger Monat, ein sehr schwieriger. Im Folgenden eine Reflexion über einen Februar vor einigen Jahren.

Ich glaube, es lohnt, zumindest über einige der *Highlights* zu sprechen, da wir zwar viel über Babys und Geburten anderswo reden, aber kaum über den Tod, der genauso gut Teil des Kontinuums ist.

Ohne jeden Zentimeter des Terrains zwischen damals und heute zurückzugehen – die Erinnerung wäre sowieso unvermeidlich unvollständig –, konzentriere ich mich nur auf einige Details, die klar geblieben sind.

Zuerst, als ich ziemlich offensichtlich krank wurde, wusste ich, wie zerbrechlich ich war, und saß eines Morgens auf der Terrasse an dem Ort, wo ich arbeitete, schaute dem Flusslauf nach und sann über mein Ableben nach – nicht zum ersten Mal; den Reiterboten begegnete ich schon früher.

Direkt vor mir war der Platz, wo die Quelle, die den Teich speist, aus den Hügeln der frühzeitlichen Kreidelandschaft entspringt. In der ursprünglichen Heimat des *Boxgrove*-Menschen und europäischen Fundstätte von besonderem wissenschaftlichen Interesse.

Wie ich da saß, kam mir das Folgende:

Ich habe noch keine Entscheidung getroffen.
Das Gestein, die Bäume, die sanft fallenden Hügel,
Das Wasser, das sich in den Gräben zur lange stillgelegten Mühle
*   sammelt.*
Ein Ort zum Ausruhen, zum Sitzen, es ist nicht wichtig.
Ich kontempliere die Quelle in dem kreideweißen Hang,
aus der das Wasser fließt;
Kalt von der Erde, doch bald schon erwärmt,
Belebt von der mächtigen Sonne, die, wie ein Herz
das Auf- und Absteigen des Atems erquickt.

Feuer, Erde und Wasser, tanzt
und nehmt diesen zerbrechlichen Sterblichen für eine Weile,
bis der Atem kommt und die Teile, ermüdet von diesem uralten
  Sport,
dieser Trennung von der Quelle,
sich auseinanderwickeln und von der Sonne erhoben,
getragen auf dem Wind,
wieder in die Unendlichkeit der Mutter zurückfallen.
Schau, da ist ein Regenbogen!

MIKE BOXHALL

Hinter dem Regenbogenbild steckt eine Geschichte, und zwar arbeiteten wir im Verlauf meines Ausbildungskurses in Craniosacraltherapie am Karuna-Institut eines Tages mit geleiteter Imagination an der Erfahrung unserer frühesten Momente, in diesem Fall der Einnistung im Mutterschoß.

Meine Erinnerung, meine „Erfahrung" war, dass ich mich in einer wunderschönen zartblauen Kugel befand und in einem Zustand großen Glücks auf drei große Regenbogen starrte. Das bewölkte sich schließlich durch das Bedürfnis, mit „dem Leben weiterzumachen", das ich als Druck von außen wahrnahm, aber das erste sehr starke Bild bleibt das von den drei Regenbogen. Dies ist also meine früheste Erinnerung.

Es schien dann ganz passend, als ich diese Empfindung des Sterbens hatte, dass einer meiner letzten Eindrücke ein Regenbogen sein sollte.

Ein Regenbogen ist ein so treffendes Bild für das Leben wie auch für den Tod. Er ist da, sehr klar, am Himmel, man kann ihn sogar fotografieren; doch auf einer anderen Ebene ist er völlige Illusion. Es ist nichts da. Es ist wie mit einem Gedanken oder Gefühl: Es ist auf einer Ebene wirklich und auf einer anderen Ebene nichts.

So auch mit unserer Existenz. Ich bin wirklich, und doch, wo befinde ich mich? Wo ist das „mich", das diese Frage stellt? Es gibt einen solchen Unterschied, ob man die Frage philosophisch oder intellektuell oder aus der Leere stellt.

Kurz, nachdem ich dies Gedicht geschrieben hatte, flog ich nach Florida und gab einen fünftägigen Kurs in dem herrlichen Zentrum *Atlantic Centre for the Arts* am Smyrna Beach. Der Kurs lief gut – und dann brach ich am letzten Tag, nach meinem Flug von Orlando nach Miami Beach, energetisch zusammen.

Was in den folgenden Wochen außergewöhnlich war, war die Wahrnehmung dieser regenbogenhaften Nichtgreifbarkeit, besonders in Florida, wo ich dann aufgab, zu dem Zeitpunkt weiterzureisen. Beim Einchecken zu einem Flug zu den Galapagosinseln stand ich einfach nur da und erkannte, dass ich nicht weitergehen und erwarten konnte, in derselben Form wieder anzukommen. Ich blieb einfach in Florida, bei guten Freunden, die sich zufällig eine dreistündige Busfahrt vom Flughafen entfernt aufhielten, und beobachtete, wie mein gesamtes Sein und all seine Teile sich eine Woche lang auseinanderwickelten. Desintegration im wörtlichsten Sinne. Es war wie eine atomare Destrukturierung. Große Müdigkeit, keine bestimmten Ängste, dann eine allmähliche Umstrukturierung. Wie oder warum, das weiß ich nicht. Es muss etwas Regen gegeben haben und das Flüchtig-Vergängliche hat sich wieder formiert.

Die Farben sind leuchtend, aber da ist wirklich nichts, was getrennt wäre. Ich habe das längst gewusst, aber die Erfahrung ist der Schatz. Ein seltsames Kapitel, dieses hier, aber ich wollte es schreiben und das war sehr schwierig.

9

Die Tide

Meine Devise, meine Überzeugung (nicht nur Glaube) und meine Leidenschaft sind in dieser kurzen Wendung enthalten: „Du kannst der Tide vertrauen." Die letzten 15 bis 20 Jahre habe ich damit verbracht, die Wahrheit dieser Aussage zu analysieren, zu prüfen, damit zu arbeiten und dann zu lehren.

Heute, etwa 120 Jahre, nachdem Sutherland dies erstmals äußerte, versuche ich zu erklären, wo ich war und was ich bisher herausgefunden habe. Und ich möchte Sie bitten, einen Geschmack davon aus den nächsten paar Seiten mitzunehmen.

Wir gehen langsam vor und beginnen am Anfang. Ich hörte den Ausspruch erstmals, als ich bei Franklyn Sills im Karuna-Institut die Ausbildung in Craniosacraltherapie machte.

„Du kannst der Tide vertrauen." Ich dachte nach: „Was für eine Tide?", und was bedeutet „vertrauen"? Das Wort „vertrauen" war der Knackpunkt. Meinte „vertrauen" damit arbeiten, irgendwie manipulieren oder auf eine Verletzung richten? Warum wählte Sutherland diesen Ausdruck? Ich kam zu der Überzeugung, dass er unabhängig genug war, um zu wissen, was er meinte, und dass er „ darauf vertrauen" wörtlich meinte. Das bedeutet, jemand anderer oder etwas anderes tut das, was immer zu tun sei.

Ich gelangte zu der Überzeugung, dass er von der Hypothese sprach, dass es eine Intelligenz gibt, die weder Teil der individuellen und persönlichen Egostruktur noch dem Intellekt unterworfen ist, welcher man absolut vertrauen kann.

Shakespeare sagte: „In menschlichen Angelegenheiten gibt es Gezeiten, welche bei der Flut ergriffen zum guten Geschick führen." Auch das ist es noch nicht, ist aber schon etwas näher dran. Es impliziert ein „anderes".

Das wirft einen riesigen Konflikt auf. Wenn es ein „anderes" gibt, auf das Verlass ist, welcher Raum ist da für mich? Wie weiß ich, was es vorhat? Wie weiß ich, was mit dem Klienten geschieht? Angenommen, etwas geht schief und ich werde verklagt – und was für ein prozesssüchtiges Land dies ist! Sie sehen, was hier passiert: Das arme alte persönliche Ego macht es sich schon schwer, es wird schon richtig besorgt. Wir könnten fortfahren: „Wir müssen Grenzen setzen. Ich kann nicht nicht wissen, was ich tue. Wie erkläre ich, was ich tue? Das ist nicht wissenschaftlich, und das Allerbeste, ich muss präsent sein, zu jeder Zeit ganz präsent sein!"

Oje! Nun ist niemandem zu trauen, nicht einmal mir!

Ganz so schlimm ist es nicht. Was wir nun zu tun haben, ist anzuschauen, was präsent sein in diesem Kontext bedeutet.

Was ich mit präsent sein meine, ist mentale Stille, einfach nur zu beobachten, was aufkommt, ohne sich irgendwie damit zu identifizieren. Ohne irgendwelche Urteile darüber, was etwas *bedeutet*. Einfach bemerken, dass es ist. Wenn wir uns nicht mit der Bedeutung identifizieren, wird das Phänomen vorübergehen und ein anderes wahrscheinlich an seine Stelle treten. Dann noch ein anderes und noch ein anderes, und sie werden alle anerkannt und alle losgelassen und manchmal wird nur für eine Weile nichts erscheinen und da ist nur leeres Gewahrsein, aller Objekte entleert, und aus dieser Leere steigt ein neues Objekt auf.

Bewegung entsteht aus der Stille und nichts *geht* wirklich irgendwo hin. Es ist einfach in Bewegung. In diesem Moment gibt es ein Zusammenkommen von allem, das jemals war, und dies ist gerade jetzt sein Ausdruck davon. Der Geist nimmt Gestalt an und wir sind als Zeugen mit dieser Gestalt im Praktizieren verbunden.

Das ist die Einführung, der Prolog; nun pflücken wir das ein bisschen auseinander und brechen es auf etwas Weiterreichendes herunter.

Alle Objekte kommen und gehen, nicht wahr? Einige brauchen länger als andere, bis sie verschwinden. Mount Everest, der Planet, mein Hardrock spielender Nachbar, doch früher oder später gehen sie alle dahin, und das haben alle Dinge und Gedanken und Gefühle gemeinsam. Sie alle vergehen. Ich werde vergehen, ich weiß nicht wann, vielleicht habe ich mein Haltbarkeitsdatum schon überschritten, aber ich werde gehen. Und das Wichtigste ist: Was als „Ich" Gestalt annahm, wird früher oder später als etwas anderes oder Teil von etwas anderem Gestalt annehmen.

Wenn die Bedingungen eine andere Form unterstützen, wird es eine andere Form geben. Kein Anfang, kein Ende. Keine Ursache, nur Offenbarung.

Ich muss über mich selbst mit meinem Versuch, logisch zu sein, lachen. Das ist nicht, was ich am besten kann. Ich glaube, dass ich in Jungs Modell wahrscheinlich intuitiv bin, wenigstens ist das meine Intuition, aber versuchen muss ich es, wenn ich nicht einseitig bleiben will.

Meine Logik besteht darin, dass je mehr ich alles objektivieren kann, umso näher bin ich am Unausgesprochenen, am Nichtdualen, an dem, woraus alle Objekte entstehen. Am Subjekt.

Worauf ich hinauswill: Wenn alles in gewissem Sinn nicht konkret und unbeständig ist, einschließlich meiner selbst, dann sind auch Beeinträchtigung, Schwächen, Leiden und Krankheit so. Wenn das der Fall ist, welches Werkzeug benutze ich dann, um Wohlergehen herbeizuführen?

Offensichtlich kann mein Intellekt, der nicht nur unbeständig, sondern auch eingeschränkt ist, nur eine partielle Antwort bereithalten. Das heißt natürlich, außer ich beanspruche, allwissend zu sein.

Das Beste, was ich in dieser Gestalt tun kann, ist, mein begrenztes Wissen zu nehmen und es auf meine begrenzte Einschätzung anzuwenden, nennen wir das Diagnose, und auf ein begrenztes, nutzbringendes Resultat zu hoffen.

Die Weiterverfolgung dieses Gedankens führt mich zu der Erkenntnis, dass die Klienten oftmals gar nicht wissen, was die Ursache dafür ist, dass etwas mit ihnen nicht stimmt. Das setzt das Problem zusammen.

Damit arbeiten wir doch die ganze Zeit, ist es nicht so?

Wir sind darauf konditioniert, zu denken, dass wir wissen müssten, was nicht stimmt.

Heutzutage habe ich eine etwas andere, nicht unbedingt absolute Sichtweise, zu der ich einlade, als Angebot, in Erwägung zu ziehen, dass wir möglicherweise eine andere Perspektive untersuchen können.

Manchmal ist tatsächlich alles vollkommen zufriedenstellend, wenn wir die Dinge anders betrachten.

Angenommen, ich gehe mal aus dem Weg und lasse den Geist oder die *Intelligenz* im Gegensatz zum Intellekt die Arbeit tun. Aus der Pathologie zurück in einen besser angepassten Zustand, wo wir nicht mehr an Dingen leiden, die eigentlich unverdaute Lebenserfahrungen sind. Es wäre superintelligent, die Intelligenz selbst die Arbeit tun zu lassen, anstatt sich nur auf meinen Intellekt und das partielle Wissen zu verlassen.

Das würde aus meiner Sicht die Möglichkeit der Wiedergeburt eröffnen, gerade jetzt in der Gegenwart, in eine Form hinein, die nicht mehr von meinem unverdauten Leben modifiziert wird. Es ist meine Überzeugung und bis zu einem gewissen Grad auch Erfahrung, dass es bei der Wiedergeburt nicht nur darum geht, was passiert, wenn ich von meinem Zweiglein falle, sondern in Kombination mit Bewusstheit viel mehr darum, was genau jetzt in der Gegenwart passiert. Wie Aldous Huxley sagte: „Wirkliches Leben gibt es nicht außerhalb des Lebens durch Erfahrung." Lassen Sie uns also die Erfahrung, nicht nur die Theorie oder das Konzept wertschätzen.

In North Carolina gibt es eine liebenswerte Ansammlung von Personen, die aus einem Kurs, den ich dort hielt, erwachsen ist. Wir tauschen viele Fragen aus und viele versuchsweise Antworten. Das hat viel vom gemeinschaftlichen Praktizieren. Etwas von dem, was hier folgt, stammt aus einer unlängst gestellten Frage eines Mitglieds an uns alle und meiner Antwort auf die Frage.

Nehmen wir für einen Moment die Ölkatastrophe im Golf von Mexiko unter die Lupe, und schauen, was sich direkt daraus ergibt. Nicht nur als die Katastrophe, die sie für Hunderttausende guter Menschen ist – beinahe unerträglich, wenn wir an das Elend all derer denken, die alles verloren haben, die Familie, Heimat, Eigentum, und schlimmer noch, Hoffnung und Vertrauen –, sondern als globale Krise mit New Orleans im Brennpunkt.

Eine Krise ist ein Wendepunkt. Ich rede nicht nur vom Ölpreis und dem Schneeballeffekt, den das hat, sondern von einer Vertrauenskrise um das, was wir für die natürliche Ordnung der Dinge halten. Sogar so sehr eine Krise des Vertrauens in die Wahrheit von Anstand und Mitgefühl und Nächstenliebe, wenn für einige Menschen alles verloren ist.

Die Krise, die um die Welt ging, liegt in der Frage, auf wen wir uns verlassen können, wenn es schwierig wird.

Ich glaube, der 11. September war etwas anderes: Wir erschufen einen Feind, und damit die Haltung, dass wir lernen müssen, den Feind, das Objekt da draußen, besser abzuwehren. Wir sind dafür in den Kampf gezogen. Zu Recht oder zu Unrecht.

Nun scheint es, dass wir uns selbst getäuscht und verraten haben. Es gibt keinen Feind da draußen – auch wenn wir nach einem Ausschau halten –, nur eine massive Anklage an eine Lebensart ohne Mitgefühl.

Ich möchte nicht vorgeben, dass ich von irgendeiner anderen Nation in einer ähnlichen Situation ein anderes Resultat erwarten würde. Mit Sicherheit nicht von meiner eigenen, die unerbittlich in demselben alten Modell feststeckt wie auch alle europäischen Länder. Kurz vor dem Orkan wurden in Arabien über 600 Menschen zu Tode getrampelt, die meisten waren Frauen und Kinder, die in Panik vor der gefürchteten Gefahr flohen. Wenn ich Historiker wäre, würde die Liste endlos werden.

Jetzt kommen wir zur Krise, zum Wendepunkt. Dem Dreh- und Angelpunkt für Veränderung.

Dieser Angelpunkt liegt in der Bewusstheit. Nicht die Bewusstheit darüber, wer was falsch gemacht hat und wen unter Feuerbeschuss nehmen oder wem die Schuld geben, sondern die Bewusstheit, dass ich verantwortlich bin.

Historisch gesehen geben wir immer anderen die Schuld und geben gern wieder dem Impuls nach, das zu akzeptieren, was das Beste für „mich" und „meines" ist, als ob der Rest der Weltgemeinschaft nicht auch zu „mir" und „mein" gehört.

Der Status quo wird erschüttert. Kein Wunder, dass wir derzeit „einige dramatische Veränderungen und Umwälzungen in unserem Leben erfahren".

Der Pianist und Komponist Daniel Levy sagt:

Die Schritte zur Erlangung neuer Zivilisationsmuster sind dieselben wie die zur Erweiterung des Bewusstseins. Wenn diese Ausweitung des Bewusstseins geschieht, reduziert sich die ganze Vergangenheit allmählich und rhythmisch und wird Teil eines neuen Ganzen. Das Zentrum wandelt sich und jedes unserer Atome wird durchzogen von einer andersartigen Energie. Unsere Sichtweise bekommt größere Perspektive und unsere Vision weitet sich von den Teilen des Ganzen auf die Wahrnehmung der Realität des größeren Ganzen aus.

Dies ist kurz und bündig die Erfahrung mancher Klienten. Dies ist manchmal meine Erfahrung. „Etwas ist geschehen", wie Dr. Rollin Becker (ein bekannter amerikanischer Osteopath) zu sagen pflegte.

„Gott ist ein Kreis, dessen Mittelpunkt überall und dessen Umfang nirgends ist", sagte der hl. Bonaventura, ein Franziskanerkardinal des dreizehnten Jahrhunderts und Schutzheiliger für Darmstörungen. Nicht viele Menschen wissen das!

Anders formuliert ist „Maitreya der Buddha der Zukunft. Aber Maitreya ist keine Person, sondern die Qualität der Freundschaft, die in der Tat ein Aspekt des erleuchteten Geistes ist" (Deena Metzger).

Hier ist unsere Arbeit so bedeutsam. Nicht indem wir anderen sagen, wie sie sein sollten oder was sie tun sollten, sondern indem wir den Zugang zum Gewahrsein dessen, was in unserem eigenen Sein gerade jetzt entsteht, ermöglichen und zu größerer Klarheit bringen. Und wir entfernen das Urteilen. Wir tun dies in gemeinsamem Praktizieren mit einem oder mehreren anderen und helfen ihnen, mit ihrem Schmerz, worin er auch bestehen mag, in die Präsenz zu kommen, indem wir ihre Geschichte von einem leeren Ort aus voll und ganz anhören.

Nur durch und aus dieser Zunahme an Gewahrsein erwächst die Möglichkeit zu einer Veränderung von Grund auf. Jede bedeutende Veränderung verursacht Unsicherheit. Wenn wir nicht unsicher sind, schliddern wir nur in der eingefahrenen Routine herum und es mag ein künstliches und zeitweiliges Gefühl der Sicherheit darin liegen, aber wie anfällig es doch ist! Deshalb ist die Unsicherheit der Ort für Wandel. Gesegnet sind die Unsicheren. Der Schmerz wird sich verändern, wenn wir ihn beobachten können, nicht zum Schmerz werden und nicht zulassen, dass er zu dem wird, der wir sind. In dem vollen Hören liegt die Heilung. Es gibt nichts zu tun. Aber es ist nicht leicht, ohne zu urteilen tiefen Qualen gegenüber präsent zu sein. Wir müssen uns einfach daran erinnern, dass dies Urteilen unser Zeugs ist und die Schale füllt, und wenn die Schale nicht leer ist, kann die Geschichte nicht ganz erzählt werden.

Kehren wir einen Moment zur Schuldfrage zurück. Die Frage lautet nicht: „Was habe ich falsch gemacht?", sondern was jetzt gerade hochkommt. Wie fühlt sich das, was ich tat oder nicht tat, gerade jetzt an? Ist es Ärger, ist es Angst, ist es eine Mischung aus beidem? Das müssen wir an Bord nehmen und bearbeiten. Arbeiten mit der Angst, Arbeiten mit dem Ärger, und falls ich das tun kann, dann werde ich den Ärger und/oder die Angst vielleicht als allgemein menschliche Bedingung sehen und werde mich dagegen in Zukunft nicht zu wehren brauchen, auch nicht sie loswerden müssen.

Es ist im Grunde die Angst, Angst vor Veränderung, das wiederum heißt, Angst davor, zu sein, und das macht uns so pathologisch.

Angst zu haben gehört zur menschlichen Erfahrung; das Problem entsteht, wenn wir Bedingungen schaffen wollen, Barrieren und Abwehrmechanismen, die uns davor bewahren sollen. Dann bleiben wir drin stecken.

Arbeiten wir *mit* der Angst, wenn sie da ist. Dann sind wir in der Gegenwart. Von der Gegenwart aus können wir sinnvolle Entscheidungen treffen. Die Gegenwart ist immer still, was wir beobachten, ist das, was sich wandelt. Also sind wir still, beachten das Auftauchen und Abebben der Phänomene. Wir sind nicht die Phänomene. Wir sind in dem Moment der Ort, an dem sich die Phänomene abspielen.

Das ist, was Stille bedeutet. Sie ist kein inaktiver Zustand: Sie ist das Gewahrsein des Wandels, nicht der Wandel selbst. Sie führt zur Proaktivität. Wenn wir mit dem Wandel identifiziert sind, führt das zu Reaktivität.

Ich habe versucht, die Stille zu definieren, und habe versucht, das Nichtidentifiziertsein zu definieren. Die Kombination aus beidem ist Erleuchtung. Jeder Narr, mich eingeschlossen, kann das definieren – es zu *praktizieren* macht das Spiel aus!

Nietzsche sagte – und er hätte von Identifikation, oder besser ihrem Nichtvorhandensein sprechen können: „Ich will immer mehr lernen, das als schön zu sehen, was an den Dingen notwendig ist, dann werde ich zu jenen gehören, die die Dinge schön machen."

Seit einigen Jahren tausche ich meine Beobachtungen mit Studenten sowohl in den USA als auch in Europa aus. Sie tauschen ihre Beobachtungen mit mir aus und der Konsens ist: „Du kannst der Tide vertrauen". Nicht so sehr der mechanischen, relativ oberflächlichen Tide – das ist eher ein Transportmittel, ein Werkzeug –, sondern dem Atem des Lebens, der Intelligenz, die von ihr getragen werden, und dem Geist, von dem der Atem des Lebens eine frühe Form ist.

Ein weiterer Konsens besteht darin, dass es schwierig ist, in jenen Zustand der Hingabe einzutreten, wo das arme alte Ego nicht mehr abgrenzen kann, was geschieht. Es will wirklich mitreden können! Der schlussendliche Konsens ist, dass es funktioniert, wenn nichts Geringeres als die Zuversicht, das Vertrauen, die Selbstaufgabe an Ort und Stelle sind!

Für mich liegt das Geheimnis in unserem Zustand der Präsenz. Der Dalai Lama sagt: „Ich glaube, dass unsere primäre Verantwortung als Behandler darin besteht, uns selbst zu beobachten." Hervorheben möchte ich, dass er von „primärer Verantwortung" spricht.

Ich muss zwischen den Klienten ein bisschen mehr tun, als nur meine Hände zu waschen und eine Tasse Tee zu trinken. Ich muss meditieren und in einen Seinszustand kommen, der relativ unidentifiziert ist. Wenn ich nicht unidentifiziert sein kann, kann mich schon die einfache Beobachtung dieser Tatsache aus meiner Verstrickung mit der Identifikation herausholen, bis zu einem Punkt, wo ich meinen Seinszustand einfach nur beobachte, ohne die Aufmerksamkeitsenergie in die Neurose zu lenken, oder in was immer gerade da ist. Ich habe eine Menge davon. Das Beobachten ohne Urteilen ist Mitgefühl – *Karunā*. Wenn ich jemandem von diesem relativ aufgeräumten, relativ stillen Ort her begegnen kann, bin ich bereit, zu empfangen, was angeboten wird.

Ich erwarte keine absolute Leere. Ich glaube schon, dass ich von Zeit zu Zeit flüchtige Einblicke in etwas Derartiges erhascht haben könnte, doch mit einem Quäntchen an Praktik kann ich relativ still sein.

Von da, und nur von da aus kann ich dem Klienten oder der Familiengruppe begegnen, falls ich mit Minderjährigen oder Babys arbeite, mit der Überzeugung, dass ich jeden, wer auch immer da sein mag, auf dieser Ebene erreiche, ob es ins Bewusstsein dringt oder nicht.

Wir befinden uns auf dieser Ebene in gemeinsamem Praktizieren, und was auch immer geschieht, was auch immer getan wird, ist das Ergebnis der Synergie dieses Praktizierens im Miteinander.

Es gibt keinen, der etwas tut, und keinen, an dem etwas getan wird. Es gibt nur das gemeinsame Praktizieren. Und vielleicht weiß ich nicht, auf einer strukturellen Ebene, was stattgefunden hat, und die Klienten mögen es auch nicht wissen, und beides ist furchterregend, aber es ist perfekt – und wer fürchtet sich? Nicht ich, nur mein Ego!

Unglücklicherweise gibt es keinen halben Sturz von der Klippe. Entweder man vertraut und lässt los oder nicht.

Ich kenne einige Menschen, die es zu dieser Arbeit hinzieht. Ich kenne einige Menschen, die von dem Gedanken, so zu arbeiten, abgeschreckt werden. Beide Seiten sind im Recht. Ich will einfach die Ersteren befähigen, so gut ich irgend kann.

Für mich ist das die Ebene des Geistigen. Es ist keine bessere Ebene; sie ist, was sie ist, für einige Menschen.

Ein Hund liebt die Welt durch seine Nase.
Ein Fisch durch seine Kiemen.
Eine Fledermaus durch ihren tiefen Sinn der Blindheit.
Ein Adler durch sein Gleiten.
Und ein menschliches Leben
Durch seinen Geist.

Schau dich um, MARK NEPO

Ich habe nichts bewiesen. Das hatte ich auch nicht vor. Ich wollte etwas anbieten.

Noch einmal Mark Nepo, der den Buddha zitiert: „Handle stets so, als ob die Zukunft des Universums davon abhängt, was du tust, während du über dich selbst lachst, weil du denkst, dein Tun könne etwas ausmachen."

Enden wir mit der Definition einer Person für Craniosacraltherapie: Craniosacraltherapie ist in ihrer behutsamsten Form eine

Reise in die Stille, die von zwei oder mehr Personen unternommen wird, hin zu einer Ebene des Seins, wo keinerlei Pathologie herrscht.

Das Folgende von Christina aus der Schweiz befasst sich ausgiebig mit dem Konzept der bereits erwähnten „unverdauten Lebenserfahrung". Es handelt von der Tatsache, dass wenn wir tief genug zum Kern einer Beziehung vordringen – was wir manchmal gemeinsam Praktizieren nennen –, dass die aus dem Feld entstehende Synergie dann, ohne jegliche Anstrengung oder Absicht, eine „Wiedergeburt" zulassen wird. Lassen wir die Arbeit die Arbeit tun. Wir brauchen nur in Ehrfurcht vor der Enthüllung dazusitzen. Ich bin sehr dankbar für diesen Beitrag.

Lieber Mike,
du hast uns gebeten, etwas über die Arbeit zu schreiben, die wir in Duncton Mill tun - wenigstens habe ich es so verstanden.

Nach den letzten beiden Kursen hatte ich Schwierigkeiten mit mir selbst. Ich fand es schwer, mich dem „regulären Leben" anzupassen, einem Leben, wo ich Entscheidungen treffe, wann ich was tue, da ich nicht angestellt bin und auch keine Vollzeitpraxis habe. Viele meiner vorherigen Entscheidungen habe ich infrage gestellt, und mich gefragt, ob ich meine Aufgabe im Leben verpasst oder verfehlt habe – und all solche höchst unangenehmen Gedanken und Zweifel. Es schien mir, dass es eine Menge „zu verdauen" gäbe – nicht nur die alten Lebenserfahrungen, die sich im Laufe der Jahrzehnte angesammelt hatten, die Überzeugungen, die sich daraus ergaben (oder ich daraus ableitete), aber auch die Erfahrungen in deinen Kursen.

Erst in den letzten Tagen beginne ich zu realisieren, dass Erfahrungen und die sich daraus ergebenden Überzeugungen sich ändern, und das fast unmerklich.

Während der „Morgenbetrachtungen" und dem Austausch über unsere Erfahrungen in der Arbeit miteinander taucht das Konzept der „unverdauten Lebenserfahrungen" so oft auf, als die Quelle unseres physischen, emotionalen, mentalen und spirituellen

Unbehagens oder Krankseins. Allerdings erwähnt kaum jemand eine spezifische Erfahrung, die nicht verdaut wurde, so wie es oft in der Psychotherapie geschieht. Und dennoch scheint es, dass jene bis zu dem Zeitpunkt unverdauten Lebenserfahrungen von allein beginnen, sich zu verdauen. Einfach, falls das nicht zu bescheiden ausgedrückt ist, durch die Verbindung zu einer anderen Person von einem tiefen, mitfühlenden und nicht urteilenden Ort aus.

Darf ich die Analogie des Verdauens in einem mehr physischen Sinne gebrauchen: Wenn wir etwas schwer Verdauliches essen, speichert unser Körper es entweder in Fett oder ungesunden Zellen, oder der Klumpen im Magen bewegt sich nur sehr langsam und schmerzhaft voran. Wenn wir gesunden Kräutertee trinken, der die Verdauung fördert, oder eine andere Medizin, arbeiten Magen und Eingeweide viel besser und beginnen, das ungesunde Zeug auszuscheiden. Und wenn wir Kräuter oder homöopathische Mittel hinzufügen (Mittel, die den Körper nicht auf andere Art belasten), sagen wir, um die Nieren- und Leberfunktionen zu stärken, kann der Körper sogar ältere „Giftstoffe" ausscheiden und gesund werden.

So erlebe ich die Arbeit, die wir in den Kursen machen. Das tiefe Zuhören im gemeinsamen Praktizieren ist wie wohltuender Kräutertee oder homöopathische Medizin, die Körper, Seele und Geist kräftigt und zur Heilung befähigt, zur Verdauung dessen, was zuerst geheilt werden muss, und dann tiefer und tiefer ins Zellgewebe hinein.

*Der letzte Satz würde mich eigentlich dazu führen, über „Heilung des Geistes" nachzusinnen. Vielleicht sollte ich **Geist** hier großschreiben, wenn ich über den universalen Geist schreibe, weil er/sie keiner Heilung bedarf, um ihn von dem persönlichen Geist zu unterscheiden, der sehr wohl jede Menge Heilung braucht.*

Und jetzt müssen natürlich ein paar Gedanken übers Heilen folgen, da dies nicht wirklich ein Wort ist, das du benutzt, soweit mir bewusst ist. Vielmehr scheint mir, du sprichst von „Licht werfen" auf das, was ist, das mehr und mehr ohne Urteilen akzeptieren, in Mitgefühl, dass das zur Heilung führt, vielleicht nicht im üblichen Sinne „gesund" zu werden, aber klar zu werden mit dem, was ist.

Diese Art der Arbeit mit anderen erinnert mich auch daran, wie kleine Kinder reagieren, wenn sie sich wehtun und weinen. Wenn wir als Eltern sie einfach in den Arm nehmen und bestätigen: „Oh ja, ich sehe, das tut so weh", dann weinen sie noch lauter, aber nur ein paar Sekunden lang, und dann es ist normalerweise wieder gut. (Wenn andererseits jemand einem verletzten Kind sagt: „Ach, es ist nicht so schlimm", weinen und schniefen sie viel, viel länger.) Als Therapeut bin ich wie die Eltern, bestätige und erkenne an, was geschah und wie es sich anfühlt, und dann kann „es" sich auflösen.

Als Elternteil habe ich ein gutes Gefühl in mir, wenn ich ein Kind liebevoll akzeptiere. Ich bin Therapeut, wenn ich mich von einem tiefen Ort her mit dem Klienten verbinde – ich verbinde mich natürlich von demselben tiefen Ort her, akzeptiere, lasse zu, dass Licht auf das scheint, was immer da ist. Ich habe immer wieder erfahren, dass eine Behandlung zu geben eine Behandlung zu bekommen ist.

*Sein und Nichtsein sind ungetrennt durcheinander, ehe Himmel und Erde entstehen. So still! So leer! Allein steht es und kennt keinen Wechsel. Es wandelt im Kreise und kennt keine Unsicherheit. Man kann es fassen als die Mutter der Welt. Ich weiß seinen Namen nicht. Ich bezeichne es als „**Sinn**". Mich mühend seine Art zu künden, nenne ich es: „groß". Groß, damit meine ich: immer im Flusse. Immer im Flusse, damit meine ich: in allen Fernen. In allen Fernen, damit meine ich: in sich zurückkehrend. Und darum heißt es: Der **Sinn** ist groß, der Himmel ist groß, die Erde ist groß und auch der Menschenkönig ist groß. Vier Große gibt es im Weltraum, und der Menschenkönig ist einer davon. Der Mensch hat die Erde zum Vorbild. Die Erde hat den Himmel zum Vorbild. Der Himmel hat den **Sinn** zum Vorbild. Und der **Sinn** hat sich selber zum Vorbild.*

(DIES IST EIN DAOISTISCHES ZITAT [TAO TE KING, 25], ENTSPRICHT ABER DEN BEKENNTNISSEN [*Confessiones*] DES AUGUSTINUS, DER ZU SAGEN HATTE, DASS ES VOR GOTT SCHON ETWAS – DAS FORMLOSE – GAB.)

Ein Wort zu Modellen: Buddhismus, Christentum, Judentum, Philosophie, Psychologie und natürlich auch Craniosacraltherapie sind alle Modelle. Sie sind nicht das. Sie sind erst das, wenn sie zu einer tief greifenden Erfahrung werden. In der Zwischenzeit sprechen wir von Theorien, Modellen, Gedanken, Meinungen, Träumen, Hoffnungen und Gebeten für oder über die Erfahrung.

Dies ist eine ziemlich dogmatische Behauptung und ich hasse Dogma, also modifiziere ich sie mit dem Zusatz: *Das ist die Meinung vieler Menschen, deren Urteil ich respektiere.*

Das nächste Stück Dogma (mit derselben Einschränkung) handelt davon, dass die tiefsten Ebenen formlos sind und nicht dem Intellekt unterstehen, der wie die Gedanken und Emotionen, ganz zu schweigen vom Körper selbst, schon der Form angehört. Wir könnten diese Ebenen den Geist nennen, das Universale, das in individuellen und unendlich vielfältigen Formen Gestalt annimmt. Ich bezeichne das oft als Intelligenz, als die *Intelligenz* im Unterschied zu einem ihrer Produkte, nämlich dem persönlichen Intellekt.

Lassen Sie uns den Geist, den ich als absolut seiend betrachte, ob als Ausdruck oder immanent, nicht mit der Seele verwechseln, die ich als persönlich seiend und als weiteres Produkt des unendlichen Geistes ansehe.

Die Intelligenz, sei es auch nur für einen Moment, zu erreichen, zu ihr zu werden, bedeutet, das zu erreichen, das die Formbildung verursacht und zu Wiedergeburt in der Gegenwart, hier und jetzt, führen kann, zurück in eine Form, die nicht länger die Ansammlungen entkräftender Lebenserfahrung, wie oben ausgeführt, in sich trägt.

Die Medizin im Allgemeinen mag als lineare und Newtonsche betrachtet werden: Alles Geschehene hatte eine definierte Ursache und führte zu einer definierten Wirkung (Capra). Das hieß, die Welt war ein Uhrwerk. Tick führte unweigerlich zu tack.

In den letzten dreißig Jahren oder so lag der entscheidende Wandel im Westen in der Erkenntnis, dass die Natur erbarmungslos nicht linear ist (Stewart). Was bedeutet das? Es bedeutet, in meiner Interpretation, dass wir nicht einfach die Abfolge von Ursache und Wirkung mit unserem Intellekt rationalisieren können, auch nicht die Abfolgen von Diagnosen und Prognosen und Heilmitteln, wenn wir Seinsebenen erreichen wollen, die anders sind als die jenen Gesetzen unterworfenen Ebenen, die kleine Körper, d. h. relativ unkomplizierte Körper, beherrschen. Das wiederum bedeutet, dass vielleicht die Struktur, die Gestalt des menschlichen Wesens einer linearen Interpretation unterworfen ist, aber die Unendlichen Aspekte sind es nicht.

Ameisen und Bienen haben eine individuelle Intelligenz, vielleicht nicht besonders viel, aber dieselben Geschöpfe haben eine große Gruppenintelligenz, die sie zu Außerordentlichem befähigt.

Es gibt Gesetze, die die kleinen Dinge beherrschen, und es gibt Gesetze, die die großen Dinge beherrschen. Wenn wir mit der Zerlegung kleiner Dinge fertig sind und irreduzibel am Nicht-Ding (no thing) ankommen, sind wir am größten aller Dinge angekommen, der Intelligenz, am Unendlichen.

Vielleicht gefällt Ihnen der kleine Text, den ich vor einiger Zeit geschrieben habe. Ich glaube, es illustriert ganz nett, wovon die Rede ist.

Kartoffeln

Der Frühling kommt wieder, glauben Sie mir, das macht er immer, welche Gestalt er auch annehmen mag, und ich freue mich schon auf eine Periode enormer Aktivität in meinem Gemüsegarten.

Traditionell kommen die Frühkartoffeln am Ostermontag rein. Das heißt natürlich, wenn es nicht regnet oder schneit oder wenn der Boden nicht zu hart oder zu weich ist, oder ich nicht gerade mit Grippe oder so im Bett liege!

Es schien mir eine gute Zeit zu sein, über Bräuche und Gewohnheiten nachzudenken und zu betrachten, wie sehr unser Leben von ihnen gesteuert wird.

Im großen Ganzen wissen die Kartoffeln, wann sie wachsen und wie sie wachsen. Sie haben Kartoffelintelligenz. Alles, was wir tun müssen, ist, ihnen den Platz und die Bedingungen zu bieten, unter denen sie wachsen können. Wir wissen nicht, wie man eine Kartoffel zum Wachsen bringt; wir wissen lediglich, wie wir ihr Kartoffeldasein fördern können.

Ich frage mich, wie viele unserer Schwierigkeiten in der Arbeit daher rühren, dass wir denken, wir müssten etwas wissen?

Kann eine Gesundung, ein Zustand ausgeglichenen Seins nur erfolgen, wenn ich genug Wissen habe? Das wäre nur wahr und möglich, wenn ich alles Wissen hätte.

Der andere Weg ist vielleicht, sich auf die Intelligenz der Kartoffel zu verlassen. Sie weiß!

Ich glaube, dass wir uns manchmal zu sehr mit der Methode befassen, zum Nachteil der Verbindung mit der Essenz, die keine Methode ist, nicht einmal eine der Gezeiten, sondern die Intelligenz, die all das trägt, wie ein Tempel den Geist enthält. Die Gezeiten sind es nicht, es ist die Essenz.

Wie beängstigend es ist, die Sicherheit des Wissens aufzugeben; aber nur, indem wir das Personale, das wissend ist, aufgeben, können wir das Transpersonale erreichen, das die Essenz ist.

Ich würde mich glücklich schätzen, mit jedwedem zu arbeiten, der diese Unsicherheit will. Ich habe eine Menge zur Debatte beizutragen! In der Zwischenzeit liegen meine Kartoffeln im Dunkeln und beginnen schon, ihre ersten blinden, aber intelligenten Keime zu treiben.

MIKE BOXHALL

Wenn der menschliche Intellekt, der ein kleines Ding ist, um den Sinn des Großen Dinges ringt, kommt er an einen Punkt, wo er versucht, etwas von der Unendlichkeit Getrenntes zu sein. Das ist eine Unmöglichkeit.

Der Intellekt hat, während er von der Intelligenz als solcher getrennt ist, seine Grenze erreicht. Um weiter zu gehen, muss er sein Getrenntsein aufgeben, loslassen und zu seiner eigenen Ursache werden. Aus der Unendlichkeit kann nichts extrapoliert werden.

Ich bin beschuldigt worden, mit meiner Aufteilung in Intellekt und Intelligenz gefährlich nahe an eine Weiterführung der kartesianischen Spaltung zu geraten, und da ich ähnliche Aussagen schon mehrmals wiederholt habe, muss ich sagen, dass ich nicht über zwei verschiedene Dinge rede, sondern über zwei Stufen oder Grade der Intelligenz – die, die meine ist, persönlich und egoisch (egoic), und die, die unendlich ist, unbegrenzt und die alles Leben gemeinsam hat.

Ich bin die Tide

Die Geschichte von Adam und Eva ist die Geschichte, wie die Individualität erlangt wird und die Einheit verloren geht, die Einheit mit dem Unendlichen.

Die Erfahrung einiger von uns ist, dass, wenn wir vorbereitet sind, den letztendlichen und schreckenerregenden Verlust der individuellen Selbst-Bewusstheit hinzunehmen, es möglich wird, Geist zu werden, Intelligenz, die Tide selbst. Dies ist entsetzlich erschreckend, weil, wiederum per definitionem, wir das nicht wissen können. Da ist nur die Leerheit, die kein Objekt ist, nur eine Erfahrung von keinem Ding (no thing), mit keiner Form, bis wir zur relativen Bewusstheit zurückkehren. Natürlich gibt es kein Entsetzen in der Leere – es steckt im Loslassen, im Sturz von der Klippe. Da gibt es weder Schmerz, Vergnügen oder Krankheit; es gibt keine Lebenserfahrung, die all diese Phänomene erzeugt.

Es gibt da – Schock, Horror! Keine Grenzen. Sie sind noch nicht in die Existenz gekommen. Es gibt nur die Leere.

Wenn wir mal wegdenken, dass diese Reise linear sei, sie uns vielmehr als eine Reise ganz bis ins Herz dessen, wer wir sind, erdenken, dann sehen wir vielleicht, dass die Möglichkeit für das Erscheinen im Relativen auch die Möglichkeit enthält, die Pathologie aus der linearen Projektion, ob aus der Vergangenheit oder in die Zukunft, nicht mit uns zu tragen.

Ich glaube nicht an Wunder. Ich glaube aber, dass ein Trauma jedweder Natur eine Ansammlung von vergangenen oder zukünftigen Ereignissen ist. Unter jeder Pathologie, und all den Ereignissen, die zu der Pathologie führten, liegt eine gegenwärtige Gesundheit.

Lassen Sie uns mit der Gesundheit, die der Kern ist, arbeiten, und nicht mit der Pathologie, die ist in gewissem Sinne die Peripherie.

10

Form und Leere

Was ich von Milarepa (einem tibetischen Halunken des 11. Jahrhunderts, der zu einem Heiligen wurde) lernte, ist, wenn ich nicht mag, was entsteht, versuche ich nicht, es zu beseitigen, sondern es besser kennenzulernen, indem ich „Honig um seinen Bart schmiere". Zum Tee einladen mit fein geschnittenem Gurkensandwich wäre die englische Art, aber mit „Honig einschmeicheln" tut es auch.

Es ist nicht meine Aufgabe, Objekte herzustellen. Ein Großteil meiner Arbeit ist sehr subjektiv. Es ist fast unmöglich, zum Geist diese Haltung „So wird's gemacht" zu haben. Andererseits werden in der „wirklichen Welt" viele Objekte, die heutzutage in unser Leben kommen, von Gebrauchsanweisungen begleitet, die uns sagen, wie man sie zusammensetzt. Unglücklicherweise sind viele dieser Handbücher in einer Sprache geschrieben, die anscheinend ohne Hilfe einer Gebrauchsanleitung gelernt wurde, aber wie dem auch sei, die logische Folgerung ist, dass das Objekt nicht die gewünschte Form erhält, wenn man sich nicht an die Anweisungen hält. Das scheint für Objekte durchaus gültig.

Wenn wir die Anleitungen gelernt haben und erfolgreich ein Exemplar hergestellt haben, können wir mit Sicherheit annehmen, dass der Prozess für jeden funktioniert, der den Anweisungen folgen kann.

Dies, so möchte ich nahelegen, trifft nicht auf spirituelle Arbeit zu, da der Weg jeder Person durch unterschiedliche Lebenserfahrung herbeigeführt wird. Es kann keine verkörperlichte Erfahrung des Absoluten geben, gleich, welche Form wir es annehmen sehen, indem wir den Weg von jemand anderem gehen.

Aus diesem Grunde rege ich mich über einige der dogmatischen Ansätze sowohl im Christentum als auch im Buddhismus auf. „Es wird gesagt …" gefolgt von einer langen Rede, die von einer enormen Gedächtnisleistung zeugt, aber ohne Bezug zu einer Zeit, einem Ort oder Raum. Einerseits ist es keine verkörperte Erfahrung, sondern ein Konzept, und andererseits versachlicht es die ursprüngliche Erfahrung, die des Erstellers des Traktats, und verwandelt eine empfundene Regung, ein echtes mystisches Erlebnis, in eine Ware oder ein Dogma.

Klöster sind wie Sammelstellen für Treibholz.
Das Priesterleben ist mir betrügerisch und illusorisch.
Ein solches Gefängnis brauche ich nicht.

MILAREPA

Mir scheint, dass sowohl Jesus als auch Buddha vorgelebt haben, dass das Leben gelebt werden muss: im Körper, nicht als Gedächtnisleistung aus dem Leben anderer konzipiert. Ich glaube, keiner von beiden hat sich viel auf andere Menschen bezogen. Sie waren zu beschäftigt damit, präsent zu sein.

Es ist äußerst wichtig, dass wir die Spiritualität nicht wie ein Ding betrachten, wie ein Objekt „da draußen". Für mich ist Spiritualität vielmehr eine Erfahrung, die Wahrheit des Lebens zu sein.

Mir gefällt etwas von Jack Kornfield zum Thema:

Was mit den meisten Stücken Wahrheit passiert

Eines Tages reiste Māra, Gott der Unwissenheit und des Bösen, mit seinem Gefolge durch die Dörfer Indiens. Er sah einen Mann bei der Gehmeditation, dessen Gesicht vor Staunen erstrahlte. Der Mann hatte soeben vor sich auf dem Boden etwas entdeckt. Māras Begleiter wollten wissen, was das sei, und Māra entgegnete: „Ein Stück Wahrheit". „Beunruhigt es dich, wenn jemand ein Stück Wahrheit findet, o Böser?", fragte ihn sein Gefolge. „Nein", entgegnete Māra. „Gewöhnlich machen sie unmittelbar danach eine Überzeugung daraus."

JACK KORNFIELD

Ich will noch weitergehen und sagen, welchen Zustand auch immer der Mensch verwirklichen mag, es ist schon vor Ort, präsent, innewohnend und der natürliche Zustand. Die zu unternehmende Arbeit ist daher, die Achtsamkeit im Körper auszuweiten. Ohne die Verkörperung bleiben wir ein Konzept.

CHRISTINA FELDMAN UND JACK KORNFIELD,
Geschichten des Herzens, ARBOR VERLAG, 1991

Mit dem, was ich hier schreibe, kommen wir nicht zusammen, um zu lernen, wie man etwas tut. Wir entwickeln keine noch wunderbareren Techniken für irgendwelche Therapien. Wir sind auf einer Entdeckungsreise, um herauszufinden, wer die Arbeit macht und was uns von der Quelle aller Dinge trennt. Es ist zuerst einmal eine Reise in die *Gesundheit*, die unser aller Kern ist. Und von dem Ort des Gesunden, und ich möchte sagen, der Schönheit aus, denselben Ort im Gegenüber zu erreichen, den wir Klienten nennen mögen, oder Freund, Familie, oder sogar Feind. Sodass sie die *Gesundheit* in ihr Bewusstsein bringen, die in ihrem Herzen, Kern, Zentrum, wie immer wir das nennen wollen, liegt.

Das ist also unsere Reise – ich könnte sagen, es ist vom Wesen her eine Reise ohne Ende. Wieso ist es eine Reise ohne Ende? Weil es eine Reise in die Erkenntnis der Unendlichkeit ist.

Thomas Merton schrieb in *Conjectures of a Guilty Bystander*:

> *Die Dinge, die wir wirklich brauchen, kommen nur als Gaben zu uns, und um sie als Gaben zu empfangen, müssen wir offen sein. Um offen zu sein, müssen wir uns selbst aufgeben in dem Sinne, dass wir dem Bild, das wir von uns haben, unserer Autonomie, unserer Fixierung auf unsere eigenwillige Identität gegenüber sterben. Wir müssen fähig sein, den psychischen und spirituellen Krampf zu entspannen, der uns zu diesem schmerzenden, verletzlichen, hilflosen „ich" verknotet, das alles ist, was wir als uns selbst kennen.*

Vor Kurzem bemerkte jemand während eines Kurses, den ich mit fortgeschrittenen Therapeuten hielt, dass er beobachtet hatte, wie eine direkte Übertragung stattfand (damit meinte er, dass er eine nicht verbale, direkte Kommunikation wahrnahm, auf einer geistigen Ebene, oder wie ich vorziehen würde, auf der Ebene von Herz zu Herz). Seine genauen Worte waren: „Du gibst mir eine Übertragung, nicht wahr?"

Meine unmittelbare Reaktion war, dies heftig zu verneinen und mich von jeglicher Möglichkeit, an so etwas gedacht oder beabsichtigt zu haben, zu distanzieren. Aufblasung! Horror!

Nachdem ich etwas von dem Geschwätz meines Egos aus dem Weg geräumt habe, denn darüber reden wir, bin ich in der Lage, ein etwas anderes Bild zu sehen.

Ich habe seither mit einigen weiteren Gruppen gearbeitet, und mit den im Hinterkopf gespeicherten Spuren jenes Gedankens erkenne ich, dass, wenn zwei oder mehr Personen in gemeinsamem Praktizieren auf einer tiefen Ebene miteinander arbeiten, es sehr wohl eine Übertragung gibt – aber nicht von Ego zu Ego, sondern von der dritten Präsenz, die auf dieser Beziehungsebene entsteht, auf alle anwesenden Parteien. Es gibt hier eine Resonanz mit dem

Jungschen Konzept der „alchemischen" Hochzeit und der Geburt des *puer aeternatus*. Da ist kein Tun, nur ein Austausch von Sein. Meine Beobachtung ist, dass die Aufmerksamkeit auf den Prozess als Konzept gerichtet sein mag, sei es vom Behandler oder sowohl vom Behandler als auch vom Klienten oder von keinem der beiden. Die Arbeit wird von der *Arbeit*, die kreiert wird, getan, nicht von der Persönlichkeit der Teilnehmenden. Ich beobachte auch, dass die Arbeit sicher ist, solange sie auf dieser Ebene bleibt und „geschieht" und die Systeme homöostatisch sind.

Etwas geschieht. Wie der Körper das Geschehen erfährt und später vom Klienten oder Behandler in Sprache übersetzt wird, hängt von Faktoren wie der Kultur, dem Alter, Geschlecht, Gesundheitszustand etc. beider Individuen ab.

Auf dieser Ebene kann die Arbeit wahrhaft transformativ sein und ergibt sich aus der Intelligenz des einen, die sich mit der Intelligenz des anderen verbindet, um eine dritte und größere Intelligenz zuzulassen, die mit einer Präzision weit über die Fähigkeit des Intellekts hinaus operiert. Ich sehe kein offenkundiges Handeln, nur die Erinnerung an die ursprüngliche Matrix und die Gelegenheit, die das mit sich bringt, die Ansammlungen an Lebenserfahrungen – der unverdauten – gehen zu lassen. Es lohnt, zu wiederholen, dass nicht der Behandler das Subjekt ist, sondern vielmehr das Dritte. Ich nenne dies Dritte das „Spirituelle", den „Geist". Dieser Geist ist kein Produkt des Egos.

Diese Dynamik kann entsprechend stärker in einer Gruppe aus mehr als zweien wirken, wenn die Zurücknahme der Absicht, etwas zu tun, von allen Beteiligten erfolgt und nur die Absicht, zu hören oder zu folgen, vorhanden ist. Vielleicht sagen wir besser „wenn nur die Absicht, präsent zu sein gegenüber dem, was ist, vorhanden ist."

„Ich denke, also bin ich" ist der berühmte Ausspruch, den René Descartes prägte. Er wurde zum Motto des modernen Verstandesgeistes. Descartes verfocht die Spaltung von Geist und

Materie. Seither gründet die westliche Wissenschaft, Philosophie und
Bildung auf der Subjekt-Objekt-Trennung und der Trennung von
Mensch und Natur. Ein Großteil unserer sozialen und politischen
Paradigmen stammt aus diesem Dualismus.

Aus diesem Dualismus fließen Individualismus, Industrialismus,
Humanismus, Kapitalismus und Egoismus. Der Dualismus
produziert Fragmentierung, Trennung, Entfremdung und Isolation.

SATISH KUMAR
IN *Resurgence*,
AUSGABE 199

Ich beanspruche nicht, ein Hellseher zu sein, aber es scheint möglich, dass das Ende des zweiten Millenniums und der Anfang des
dritten durchaus als nach Descartes, als post-kartesianische Ära,
wenn Sie so wollen, bekannt wird, und als Beginn der Wiedergeburt der Weisheit. Vielleicht ist es Zeit für Wissen im Unterschied zu Informationen. Wir sind zugestopft mit Informationen,
aber Informationen sind immer *über* etwas und implizieren eine
Trennung vom Objekt. Die Trennung führt zu Entfremdung,
zu Urteilen und dazu, dass etwas für oder an dem Objekt getan
wird, was gänzlich auf lückenhafter Information beruht. Da sie
lückenhaft ist, ist sie auch falsch.

Ich glaube und hoffe ganz gewiss, dass wir in Richtung auf
eine Erkenntnis der *wechselseitigen* Abhängigkeit hin arbeiten,
untereinander, mit dem Planeten und allem, was drin und drauf
ist. Das Leben kann zu einem gemeinsamen Praktizieren werden, in welchem ich erkenne, dass „ich bin, weil wir sind" (eine
südafrikanische Perspektive). Dies ist ungefähr die Botschaft der
Tiefenökologie, einer der jüngsten und meines Erachtens umfas-
sendsten Wissenschaften. Eine Wissenschaft, die wahrhaft nach
einer Praxis zur Vereinigung, nicht nur der Theorie, sucht.

Wir haben an anderer Stelle gesagt, dass weniger tun mehr
ist. Wir sind noch weiter gegangen und haben gesagt, dass nichts

tun, nur sein, mit der einzig vorhandenen Absichtlichkeit aufs Hören, Empfangen, Anerkennen, Bestätigen gerichtet, ausreiche. Zusammengenommen nenne ich diese Werte „Vertrauen". In der Akzeptanz dessen, wer wir sind, erinnern wir uns, wer wir sein *sollten* und begeben uns in die Möglichkeit der Wiedergeburt in dieser Absicht. Die Intelligenz wird kontaktiert. Das Kontaktieren dieser Intelligenz, die universell ist, kann bedeuten, in eine Bewusstheit zu sinken, die unterhalb des Intellektes ist.

Mir wird gesagt, dass für uns *notwendig* ist, mehr zu tun, als in die Stille der Achtsamkeit eintreten. Ich habe kein Urteil zu dieser Notwendigkeit. Ich mache die Beobachtung, dass es nicht notwendig ist, aber ein Bedürfnis! Das Bedürfnis kann dann wie alle anderen Manifestationen des Intellekts akzeptiert werden. Die Stille ist keine Flucht vor irgendetwas, sie ist ein dynamischer Prozess, der dem Ganzen erlaubt, zur Entfaltung zu kommen. Sie ist nicht leicht zu halten und hat damit zu tun, das Gegenwärtigsein zu praktizieren, ohne Kaninchen der Vergangenheit oder Zukunft zu jagen. Es ist ein Weg, der gegangen werden kann.

Der Tide vertrauen, oder wie wir diese Energie auch nennen wollen. Sie wird dich dort hinbringen. Allerdings müssen wir ihr vertrauen!

Wenn Sie wissen müssen, was vor sich geht, dann reduzieren Sie die Möglichkeiten.

Es folgen einige Notizen, die wörtlich aus einem kürzlich gehaltenen Kurs am Gardasee in Italien stammen. Der Ort war ein buddhistisches Zentrum und die Auszüge können dazu dienen, einige der oben skizzierten Konzepte anhand „wirklicher" Erfahrungen zu veranschaulichen.

Claudia: Ich hatte diese Lösung, es war, als ob etwas aus mir herauskam, das mich davon abgehalten hatte, ich selbst zu sein. Es schien etwas Spirituelles, das aus mir herauskam. Andere Dinge sind geschehen, aber dies war der bedeutendste Aspekt der Sitzung.

Inka: Claudia teilt etwas mit uns, das ich nicht teilen wollte, aber nun doch tue. Es gab einem Moment, da verstand ich wirklich die Bedeutung der Liebe.

Mike: Warum wolltest du das nicht mit uns teilen?

Inka: Ich weiß, dass es wichtig ist, aber ich wollte es für mich behalten.

Mike: Das dachte ich, dass es vielleicht so etwa sei. Wichtig ist, wenn wir versuchen, die Dinge festzuhalten, verlieren wir sie. Früher oder später verlieren wir. Andererseits, was wir frei weggeben, kommt tausendmal zurück. Was sagen sie im Christentum: „Wirf deine Brote aufs Meer."

Inka: Das stimmt, aber mir fällt es schwer, es in Worte zu fassen.

Mike: Es ist sehr schwierig, aber der Zweck dieser Gruppe ist, für uns alle, nicht nur unsere Leckerbissen miteinander zu teilen; nicht nur unsere Süßigkeiten. Unsere Schwierigkeiten und unsere Menschlichkeit zu teilen. Das ist das großartige Geschenk, das wir einander machen können. Wir alle haben die Tendenz, wir wollen sichergehen, dass das, was wir der anderen Person geben, wunderschön verpackt und keimfrei gehalten ist. Das wirkliche Geschenk ist, uns so zu geben, wie wir sind.

Inka: Wir haben über die Schwierigkeit gesprochen, bestimmte Dinge in Worte zu fassen. Ich sagte Claudia, dass sie es nicht zu verstehen braucht. Wir waren uns einig, dass Worte die Dinge verändern und oft nicht so zeigen, wie sie sind. Ich rechtfertige mich nicht, sondern dachte in diesem Fall, dass ich die Erfahrung mit Worten ruinieren würde. (Das kennen wir alle, nicht wahr?)

Mike:	Ja, das kann passieren – ich riskiere es mal und gehe noch eine Stufe weiter. Mir passiert es oft, wenn ich etwas beschreiben will, von dem ich weiß, dass es nicht meine Erfahrung ist, wird es zur Beschreibung einer Erfahrung, nicht des tatsächlichen Ereignisses. Allerdings kann das bei einer anderen Person durchaus eine Resonanz hervorrufen, nicht zu demselben Ereignis, aber zu einem ähnlichen Empfinden in ihr. Dann habe ich der anderen Person vielleicht etwas geben können – das ist ein Geschenk –, das braucht nicht dasselbe zu sein wie meine Erfahrung. Und es kann, was immer angenommen wurde, für denjenigen eine wichtige Erfahrung sein. Das einzige Risiko, etwas zu verlieren, gilt meinem eigenen Ego, das an diesem Gefühl festhalten will. Deshalb sagte ich, es lohnt sich, es zu versuchen, weil deine Absicht darauf gerichtet ist, dem Universum ein Geschenk zu machen, und die einzige Verlustmöglichkeit gilt jenem künstlichen Zustand, den wir „mich" nennen. Ergibt das einen Sinn für dich, Inka?
Inka:	Ja, das ist sehr klar.
Mike:	Daher haben sie im Mahāyāna-Buddhismus, wozu dieser Ort hier gehört, eine Tradition, die Tradition des *Bodhisattva*. Ein *Bodhisattva* ist ein erleuchtetes Wesen, das gewählt hat, immer wieder als Person Gestalt anzunehmen, damit er oder sie anderen helfen kann, ihr Licht zu finden, bis jedermann erleuchtet ist. In Wirklichkeit bedeutet das Gelübde des *Bodhisattva* für den, der es ablegt, ein Gelübde für immer. Immer weiter wiedergeboren zu werden, um anderen Menschen zu dienen; das bedeutet geben und geben und geben. Das Einzige, das du zu geben hast, das wahrhaftig dir gehört, ist deine eigene Erleuchtung, und sogar die hast du wegzugeben. So seht ihr also,

was ich euch zu sagen versuche. Wenn du an deiner eigenen Erleuchtung hängst, bist du endgültig identifiziert. Gib sie deinen Freunden. Sie wird wahrscheinlich zurückkommen. Okay. Gut, ich danke euch.

An einem anderen Tag:

Mike: Es gibt eine weitere äußerst wichtige Lehre, und sie lautet in etwa so: Wir können nicht bekommen, was wir wirklich brauchen, indem wir darauf warten, dass es uns gegeben wird. Wir müssen darum bitten. Es verlangen. Es nehmen. Leuchtet euch das ein? Ob wir von Befreiung reden, oder wie immer ihr das nennen wollt, es gibt keine Freiheit, wenn man uns die Freiheit gibt. Alles, was wir dann bekommen, ist die Schuld, in der wir der Person gegenüberstehen, die uns die *Freiheit gibt.*

Frage: Kannst du das wiederholen oder noch einmal formulieren?

Mike: Lasst mich erst mal mit diesem Punkt fortfahren, da er so wichtig ist. Wenn jemand uns unsere Ketten abnimmt, sind wir nicht frei, weil wir für immer in seiner Schuld stehen. Leuchtet das irgendjemanden hier ein, es ist ja eine verzwickte Angelegenheit? Wenn ihr junge Vögel seht, sie sitzen da mit offenem Schnabel und die Mutter kommt vorbei und steckt ihnen einen Wurm hinein. Das ist normal bei Babys und Kindern. Aber es wendet sich nur an das physische Wachstum – man könnte sagen, es ist mechanisch und betrifft die Nahrung des Körpers, und nicht die Nahrung des Geistes. Wenn wir uns nicht an die dogmatische Lehre ketten lassen wollen, muss die Freiheit irgendwie ergriffen werden …

126

Übersetzer: Entschuldigung, was muss ergriffen werden? Ich hab's nicht verstanden.

Mike: Spirituelles Wachstum. Andernfalls legen wir uns eine weitere Schuldkette an. Deshalb sage ich: „Was wäre nützlich oder was brauchst du?" Auf diese Weise kommst du in Kontakt mit deiner eigenen ausgeweiteten Bewusstheit; Bewusstheit über den Mangel oder das Bedürfnis, und du musst nicht warten, dass der Lehrer noch 10.000 Worte weitergibt, die er auswendig gelernt hat, und die ursprünglich auf die Erfahrung einer anderen Person an einem anderen Ort, Zeitpunkt und kultureller Relevanz zutrafen.

Falls wir andererseits einfach den wiederkehrenden Lehren zuhören, bekommen wir nur, was der Lehrer seinerseits zu geben hat. Es ist eine gemeinschaftliche Praxis zwischen beiden. Deshalb sage ich zu Beginn jedes Kurses: „Was brauchst du?" „Was wäre nützlich?"

Es gibt nur eine Wahrheit und es gibt sieben Milliarden Menschen auf diesem Planeten. Ich habe die Zahlen in der letzten Zeit nicht verfolgt, und jedes Mal, wenn ich es tue, wird jemand hinzugeboren. Also, es gibt nur eine Wahrheit, also für so viele, wie viele auch immer verschiedene Menschen auf diesem Planeten, gibt es dieselbe Anzahl verschiedener Arten, die Wahrheit zu erkennen. Deshalb sage ich: „Welche Frage taucht für dich auf?"

Seht ihr, was ich jetzt getan habe, ist alle zum Denken zu bringen (Gelächter), während bevor ich damit begann, alle ganz nett dahinsegelten und dachten, nichts könnte euch aus der Ruhe bringen; ich freue mich auf fünf Tage Erholung ohne Computer oder Telefon oder Kochen oder Einkaufen oder Autofahren oder mich um andere Leute zu kümmern.

Maria:	Es scheint, als ob die beiden Themen Geburt und Tod sehr eng beieinanderliegen. Und für mich persönlich kommen gerade in dieser Zeit viele Fragen zu Geburt und Tod auf.
Mike:	Meine allgemeine Feststellung zu beiden ist, dass sie nicht getrennt sind. Die Geburt ist kein Beginn und der Tod ist kein Ende. Es sind lediglich Stadien in einem Kontinuum; einem Kontinuum, das fortwährend Gestalt annimmt und zur Essenz zurückfließt. Auf der emotionalen Ebene fühlt es sich natürlich nicht immer so an.
Maria:	Vielleicht ist meine Frage: „Wie in diesem kontinuierlichen Kommen und Gehen bleiben?"
Mike:	Ich glaube, die Antwort darauf muss im Gewahrsein liegen. Das, was ich „Ich" nenne, ist kein festes Objekt, es ist eine Ansammlung von Erfahrungen. Wer ist der Erfahrende dieses Dinges, das wir „ich" nennen? Vielleicht ist er näher an der Quelle, aber dennoch, notwendigerweise relativ? Mit anderen Worten, ich betrachte das Wort Gewahrsein, sich der Geburt und des Todes gewahr sein. Wenn ich wach oder gewahr bin und in der Gegenwart (was fast dasselbe bedeutet, denn gewahr sein ist gegenwärtig sein), das Gewahrsein wird weder geboren noch stirbt es. Geboren werden und Sterben sind das Objekt – das Subjekt ist das Gewahrsein, das das Gestaltannehmen beobachtet. Ich nehme an, die Frage ist dann – und wir können sie als Frage stehen lassen – „Was stirbt und was wird geboren?"

Die Schwierigkeit hierbei ist, dass die Diskussion auf der intellektuellen Ebene stattfindet. Der Intellekt selbst ist eine Form oder der Mangel an Intellekt, oder was es auch sei, welche wir beobachten können, deshalb ist es ein Gefühl. Es ist eine Manifestation dessen, was ich die Intelligenz nenne, aber das ist eine, wie ich sagte, intellektuelle Betrachtung über etwas, das nicht der Intellekt ist. In diesem Sinn ist die ganze Unterhaltung reduktionistisch; das tun wir die ganze Zeit; wir bleiben dualistisch.

11

Veränderung

Veränderung ist ein so wichtiges Thema für uns, es in Betracht zu ziehen. Veränderung ist vielleicht das einzig Konstante im Universum und paradoxerweise das Fundament unserer ganzen Existenz. Es gibt keine Geburt und keinen Tod, kein Kommen, kein Gehen, kein Denken, Fühlen, Empfinden oder Intuition, keine Beziehung jedweder Art – ohne Veränderung.

Dieses mich ist nicht das mich, dass ich gestern war (oder hatte). Das wird umso offensichtlicher, je mehr ich praktiziere, in der Gegenwart präsent zu sein. Es gab eine Zeit, da wusste ich genau, wer ich war. Mein Beruf, meine Familie, mein Bankguthaben (oder Kontoüberziehung), meine Klubs, meine Teams, meine Kleidung, meine Schulen, meine Konversationen, meine Politik, meine Neurosen, all das diente dazu, dieses Sein zu kennzeichnen. Nicht immer bequem könnte ich sagen, aber klar gekennzeichnet.

Es gab später eine Zeit, als es in mir, mit einer ziemlich schmerzhaften Verschiebung im Bewusstsein, eine Beziehung zu anderen Wesen, Orten, Umgebungen und Situationen gab. Das war ein kooperativeres Wesen, das da einiges an Verantwortung übernahm, sowohl dafür, Wellen zu verursachen, als auch, ihnen zum Opfer zu fallen.

Nun kommt eine andere Zeit, die, was mich betrifft, jenseits alles Verstehens ist, wo ich einfach nicht weiß, wer dieses Wesen ist, jedenfalls nicht fortlaufend am Stück. Manchmal ja, da gibt es mich als Agierenden, doch dann zu anderen Zeiten kann ich nur dem zuhören, was gesagt oder sich vorgestellt wird von dem Sagenden oder Vorstellenden. Die Verwirrung ebbt nur dann ab, wenn die Analyse abebbt und die Hingabe an ihre Stelle tritt.

Diese Hingabe ist extrem, wenn ich in Gruppen Verkörperung lehre, und die Arbeit geht sehr tief, da sie zu einer Synergie der gesamten Gruppe wird. Dann ist Vertrauen da und ich kann loslassen. Was losgelassen wird, ist die Trennung, das Personale, das Abstrahierte – die Arbeit tut die Arbeit, und es gibt keinen anderen, der tut. Es gibt überhaupt keinen, der tut! Da gibt es kein „mich". Es herrscht ein kraftvolles Gefühl, dass die Lehre die einzige Klarheit in einem desintegrierenden Feld ist, ohne jegliche Sicherheit, ob sich wieder etwas zusammenfügen wird. Manchmal ist es ein schwieriger und widerstrebender Prozess und der Körper ist der einzige Ausweg. Auf den Körper muss Verlass sein, auf seine Weisheit, sein Gedächtnis, und vielleicht seinen Willen.

Andere bestätigen eine Zustandsveränderung, manchmal von kurzer Dauer, manchmal bleibend. Andere wieder sind gewahr, dass wenig in dieser Zeit an diesem Ort geschieht, doch oft stellt sich später heraus, dass eine Tür geöffnet wurde. Es gibt viele, vielleicht unzählige Türen, und die Wahl, hindurchzugehen oder sie zu schließen, ist an uns; obwohl es für einige wenige kaum eine Wahl ist, sondern eine Berufung.

Der meiste Wandel ist überhaupt nicht dramatisch. In einem Großteil der Zeit scheint es Konstanten zu geben. Gestern sprachen Barbara und ich über die Wahrscheinlichkeit, dass das Haus, in dem wir nun leben, sehr wohl das letzte gemeinsame sein könnte. Nicht, dass ich nicht mehr reisen würde, aber dies ist mein Heim und seit 22 Jahren auch ihres. Es mag auch gut sein, dass sie hier bleibt, wenn ich nicht mehr da bin. Es gehört ihrer Familie und das Mietverhältnis ist wohl gesichert.

Es ist Ostern und da es gibt Familienbräuche drum herum und die Suche nach Eiern, mit dem eigenen Portrait oder einer Karikatur desselben bemalt, in Bäumen und Sträuchern im Garten versteckt, die es zu finden und fürs Familienfrühstück zuzubereiten gilt. Die Anzahl und das Alter der Kinder, Enkel und Urenkel variieren natürlich von Jahr zu Jahr, aber die Tradition scheint ungebrochen. Sie überdauert schon vier Generationen, was viel scheint, aber im Maßstab zur Erdenzeit so wenig, vom Universum ganz zu schweigen.

In diesem Haus leben wir zu dritt: Barbara, ihr Sohn Julian (mein Stiefsohn) und ich. Viele radikale Veränderungen finden bei jedem von uns zurzeit statt, besonders was die Gebiete Gesundheit und Beruf angeht – in beiden Fällen anscheinend zum Besseren –, und das ist schön. Auf keinem der Gebiete ist alles von Dauer, aber derzeit haben wir eine positive Aussicht auf die Dinge und aufeinander.

Was wir natürlich alle versuchen, ist die Veränderung aufzuhalten, ihr zu widerstehen. Das ist das Leiden, der Widerstand. Wir werden alt, unsere Freunde ziehen weg, die Motten zerfressen den Kaschmir und die Milch wird schlecht. Die Haare fallen mir aus (das war vor vielen Jahren) und mein Bauch hängt durch. Ich kann die Veränderungen nicht aufhalten.

Vielleicht merkwürdig, so zu denken, aber es spielt keine Rolle. Die Nacht hat sich in den Tag gewandelt, der Frühling ist fabelhaft, und ich habe den halben Morgen lang mit Leuten über die Zukunft geredet. Das ist, was hier ist!

Die Zukunft ist, worüber ich geredet *habe,* und sie *ist,* worüber ich *gerade jetzt* schreibe. Vergangene Gegenwart und Zukunft – genau hier.

Hier ist eine Aussage aus dem Zen, die Wandel mit Zeit gleichsetzt ... *Das Leben ist eine Reise, kein Bestimmungsort und die einzige Wirklichkeit ist hier und jetzt. Dieser Augenblick gerade jetzt ist nicht mehr, weil die Wirklichkeit geht, sobald sie kommt, deshalb ist Zeit eine Illusion und existiert gar nicht!*

Ich möchte sagen, wenn wir einerseits den Vorgängen im Körper Aufmerksamkeit schenken, und andererseits dem Universum und allem, was darin ist, wie es sich ausdehnt und zusammenzieht, können wir sehen, wie aussichtslos es ist, sich dem Wandel zu widersetzen.

Das ist etwas, was wir nicht tun sollten. Gibt es vielleicht auch etwas, was wir tun sollten? Ich würde sagen Ja, und zwar einen Sinn für die Frische des Augenblicks, im Unterschied zum vorherigen, kultivieren. Das ist eine kontinuierliche und fortwährende Ausdehnung der Bewusstheit mit keinem begrenzten Ende. Geburt und Tod hören in diesem Paradigma auf, absolute Ereignisse zu sein, und werden vielmehr zu Wegzeichen, Markierungen in einem Kontinuum des Bewusstseins.

Carl Gustav Jung sagte: „*Wir können nichts ändern, außer wir akzeptieren es. Verurteilung befreit nicht, sie unterdrückt.*" Dies impliziert, dass es eine Beziehung zwischen der Illusion der Beständigkeit und dem Urteilen gibt. Wenn ich denke, dass Veränderung etwas Schlechtes ist und dass die Dinge so bleiben sollten, wie sie sind, oder in der Ansicht einiger immer so waren, in der guten alten Zeit, dann füge ich dem Wachstum und mir selbst Leiden zu.

Die Flut geht und die Ebbe kommt. Es gibt nur Veränderung.

Die Flut wird tief und noch tiefer.
Bezeugen.
Ich halte sie nicht, sie ist verschwunden.
Bezeugen.
Hier ist der Schmerz. Nicht an mir, ihn zu beseitigen.
Bezeugen.
Noch tiefer, wo ist der Schmerz nun hin?
Bezeugen.
Alles Tun getan, wer hält,
was gehalten wird?
Gewahrsein.
Die Leere
Still im Ozean,
das Ungeformte regt sich.
Dunkel trifft auf Licht und inkarniert.
Du und ich, wir sind. So war es immer.
Wo ist nun der Verlust?

MIKE BOXHALL

12

Intelligenz versus Intellekt

Nichts tun, einfach nur still dasitzen und auf die Intelligenz vertrauen, dass sie ihre Wirkungen wieder ins Gleichgewicht bringt, ist sehr schwer. Dinge werden bemerkt und Traumata der einen oder andern Art dringen ins Gewahrsein. Dann sitzen zu bleiben und einfach tiefer in die Stille vorzudringen, ohne sich auf den wahrgenommenen Prozess einzulassen, ist für unseren ganzen kulturellen Hintergrund (jüngerer Zeit) ein Schlag ins Gesicht. Und doch, glaube ich, ist das genau das, was wir tun müssen, um mit dem Spirituellen Geist zu arbeiten, um unter das zu gelangen, was der ursprünglichen Kausalität zugefügt wird.

Uns mit dem, was wir wahrnehmen, zu identifizieren, unsere Aufmerksamkeit darauf zu lenken, ist am Ende reduktiv und wird durch die Aufmerksamkeit das beleben, was wir beheben möchten.

Was ich mit schwankendem Erfolg versuche, ist in Stille zu sitzen, und die Geschichte von jemand anderem sich in einem ständig leer gehaltenen Raum entfalten lassen. Diese Arbeit ist insbesondere, aber nicht ausschließlich, wirksam bei Babys und Kindern, die noch keine fest eingefahrene Weltsicht aufgebaut haben.

Wenn wir uns Ursache und Wirkung als eine Art Familienstammbaum denken, wird nach wenigen Generationen die vertikale Last sehr groß geworden sein. Wenn wir die Eigenschaften eines Familienzweiges verfolgen, mag uns das schließlich zur ursprünglichen Matriarchin, zum ursprünglichen Patriarchen zurückführen, aber dann haben wir alle Verzweigungen der Geschwister- und Schwagerlinien verpasst, die unterwegs in die Gegenwart entstanden. So ist es bei der Beobachtung von Traumata, wenn wir uns auf ein Symptom konzentrieren, wo etwas verkehrt war, und das zur Ursache zurückverfolgen, werden wir unvermeidlich einen Haufen kleinerer oder größerer Äste beiseitelassen, die sich auf demselben Wege entwickelten. Es ist eine Praxis des Körpers auf der ihm eigenen Suche nach Homöostase, dass er eine weitere Reihe an Symptomen produziert, wenn die erste nicht adäquat behandelt wird.

In der Stille sitzend, kann ich das Auftauchen vieler verschiedener Phänomene bemerken. Tatsache ist, dass ich nicht alle Phänomene bemerken werde, sondern diejenigen, auf welche meine Aufmerksamkeit eingestimmt ist. Ich kann diese einfach feststellen und mit dem Sitzen fortfahren und die Stille durch Meditation vertiefen.

Meine Aufgabe ist also nicht, mit den Symptomen umzugehen, welche das auch seien, sondern dem Klienten, der Klientin zu helfen, in Kontakt mit sich selbst zu kommen, und zwar auf einer Ebene, die unterhalb der aller Symptome, Schmerzen oder Sonstigem liegt, von der aus er oder sie eine neue Strecke zurück zur Oberfläche finden kann, unbelastet von den verknäuelten Entmachtungen der Vergangenheit, die bisher als die tatsächlichen Gegebenheiten der Gegenwart angesehen wurden.

Ich bin überzeugt und es ist meine Erfahrung, dass das physische Zusammensein in Kontakt mit einer anderen Person, wenn einer in einer Tiefenmeditation ist, die andere Person auf derselben tiefen Ebene berührt, ob es unmittelbar ins Bewusstsein dringt oder nicht.

Der Kontakt ist von der Art her federleicht, nicht viel mehr. Ich suche nicht nach irgendetwas als solchem, also gibt es vom Wesen des Klienten keinen Widerstand, nur ein Ausströmen an Informationen auf sehr tiefer Ebene, subatomar, soweit ich weiß. Diese Informationen werden gesammelt und gespeichert, und zwar auf ihrer eigenen Ebene, gewiss nicht auf der meines Intellekts, und dann zum Sender, zum Übermittler zurückgemeldet. So erfährt der Klient, wer er wirklich ist oder zumindest sein sollte, bevor Schicht um Schicht an Lebenserfahrungen das umwölkt haben. Mit dem Gewahrsein entsteht die Möglichkeit zu wirklicher organischer Veränderung. Diese Veränderung wird im Sein stattfinden. Von dort mag eine Veränderung im Verhalten ausgehen – das ist nicht dasselbe. Zuerst kommt das Gewahrsein. Ohne das schießen wir ins Dunkel. Dies ist die beste Art, wie ich das Geschehen intellektuell erfassen kann, aber ich habe auch Hunderte anekdotenhafter Notizen, die die Beobachtung des Osteopathen Rollin Becker unterstützen, dass „etwas geschehen ist". Ich glaube, dass ich mit dem, was heute die Erfahrung vieler Behandler ist, einfach etwas ausführlicher bin, als er zu dem Zeitpunkt sein wollte.

Kurz bevor ich dies schrieb, traf ich einen neuen Klienten, einen geschäftigen, erfolgreichen und zweifellos hoch gestressten Banker. Er hatte einen akuten Rückfall eines Rücken- und Nackenproblems, das drei Jahre zuvor mit einer Serie von einem halben Dutzend Manipulationen erfolgreich behandelt worden war. Er hatte schlimme Schmerzen und litt unter der eingeschränkten Beweglichkeit seines Halses und oberen Rückens. Ich arbeite nicht viel mit akuten Rückenproblemen: Meistens scheine ich chronische Beschwerden wie etwa Depression anzuziehen.

Die Umstände, wie er seinen Termin bekam, waren so, dass er einfach da war, in einer Lücke aufgrund einer Absage. Ich begann damit, ihn zu warnen, dass meine Arbeit dem Beobachter ein bisschen vorkam, wie Farbe beim Trocknen zuzuschauen, und er schien die Tatsache hinzunehmen, dass ich nicht vorhatte, irgendetwas zu manipulieren. Ich war ihm wärmstens empfohlen worden.

Ich begann mit einer umfassenden Anamnese, nicht nur seiner medizinischen Verfassung, sondern auch seines häuslichen und sozialen Umfeldes. Ich mache das immer, weil im Verlauf der Behandlung Dinge hochkommen können, wo es hilfreich ist, einen Bezugsrahmen zur Vergangenheit zu haben, obwohl wir dann mit den Gemütserregungen in der Gegenwart umgehen.

Ich saß dann einfach an seiner Kopfseite, nachdem ich ihn eingeladen hatte, sich auf mögliche im Körper aufsteigende Empfindungen zu konzentrieren, gleich, ob sie mit seinem Problem zu tun hätten oder nicht.

In den ersten Minuten dachte ich: „Das ist ein fester Schädel, da passiert nicht viel." Dann befahl ich mir, diesem Gedanken nicht nachzuhängen, sondern einfach zu meditieren. Allmählich war ich in der Lage, die Vorstellung aufzugeben, wie problematisch er doch war und wie ich diese Art Arbeit doch nicht mache/ nicht kann, und ich bemerkte, dass es Anfänge von Fluktuationen gab. Nach etwa zehn Minuten sagte er etwas. Ich musste nachfragen, was es war, weil ich ziemlich tief in der Meditation war. Er sagte, dass der Schmerz sich über der anderen Seite ausbreitete. Ich glaube, ich fragte ihn, ob es für ihn in Ordnung sei, in diesem Empfinden zu bleiben, da sich immerhin etwas bewegte. Er war ziemlich entspannt und sagte, dass ihm das recht war. Nach weiteren etwa fünfzehn Minuten sagte er in einem Ton der Überraschung: „Es scheint abzuklingen." Ich entschied, es sei nicht die Zeit, dieser Vorstellung nachzuhängen, sondern die Meditation zu vertiefen. Nach vermutlich weiteren zwanzig Minuten sagte er sehr leise: „Es ist weg."

Meine Zusammenfassung ist, dass ich bloß in der Achtsamkeit einer Meditation ohne Objekt dasaß, das heißt, ohne mit seinem oder meinen eigenen Problemen identifiziert zu sein, und als Dreh- und Angelpunkt zwischen seiner Intelligenz und meiner agierte, auf einer Ebene, die ich unmöglich vom Intellekt her beschreiben kann.

Ich hoffe, die Schmerzen bleiben weg, denn was geschehen ist, war, glaube ich, dass er ein negatives Muster, eine Serie von Lebenserfahrungen, von innen her losgelassen hat. Bei der früheren Gelegenheit drei Jahre vorher wurde der Schmerz durch geschickte Manipulation gelöst, aber das geschah von außen. Das sehe ich als den Unterschied und ich sehe das als Befähigung für den Klienten, wenn er erkennt, dass die Befreiung durch seine eigene Umorientierung erfolgt, und nicht vorgeschrieben wird. Der Intellekt, der so wertvoll ist, bleibt ein begrenztes Werkzeug im Vergleich zur Intelligenz.

In voller Stille empfangen zu werden befähigt das Sein des Klienten im Kern, sich selbst auszudrücken. Anstatt der Litanei „Dies ist die Geschichte meines unverdauten Lebens" bekommen wir die Möglichkeit zum Ausdruck eines „Dies ist, was ich wirklich bin, im Kern dessen, was ich als meine Konditionierung ausdrücke".

Das Folgende ist als Reaktion auf einen Text über Stille von Carme Renalias, einer lieben Freundin und Kollegin in Spanien.

Danke fürs Schreiben. Ich habe nie viel zu sagen, weil es nur rein geht und die Worte mich verlassen. Alles, was ich weiß, ist, dass ich viele Stunden lang arbeite und Sitzungen gebe und in jeder Sitzung passiert ein kleines Wunder. Die Intelligenz erscheint!

Und manchmal tut es mir ein bisschen leid, dass ich nicht immer wage, mich die ganze Zeit hinzugeben, aber die Erfahrung ist da und es ist die Erfahrung, die mir den Weg zeigt, den Weg zur Hingabe. Wenn die Stille da ist, staune ich über das Leben, und mein Herz explodiert und Tränen scheinen in die Augen zu steigen, ohne dass Emotionen daran gebunden sind, sie sind einfach wie ein Ausdruck der Liebe/des Lebens/der Stille zusammen. Und dann mehr Hingabe und nicht süchtig danach werden, einfach beobachten.

13

Craniosacraltherapie und Meditation

Ich möchte eines erklären: Ich habe eine besondere Vorliebe für eine bestimmte Art der Psychotherapie, die Buddhismus heißt. Das Wort „Buddha" ist ein Wort aus dem Sanskrit, und es stammt von dem Verb *budh*. Das bedeutet „erwachen". Wenn Sie aufwachen, sind Sie ein Buddha, wie könnten Sie es nicht sein? Buddha ist keine seltsame, andere Lebensform, die wir in 4.000 oder 5.000 Jahren oder nach 10.000 Leben werden – Sie sind jetzt ein Buddha, erwachen Sie und erkennen Sie das. Das ist alles, was es gibt. Es wird nicht woanders stattfinden. Es gibt keinen anderen Ort, es ist hier! Sie sind der Buddha, und Sie sind wunderschön. Wachen Sie ein bisschen auf, bitte – das ist alles.

Ich habe auch eine Vorliebe für die Craniosacraltherapie und habe Schwierigkeiten, meine Ansichten darüber von meinem Verständnis von Meditation zu trennen. Das Folgende kam von einem Studenten:

Frage: Wenn ich Therapeut bin, tue ich nichts, und werde oft gefragt, was ist Craniosacraltherapie?

Ich muss sagen, dass ich es nicht wirklich weiß und das ist hart für die Klienten.

Mike: Ja, das ist es. Ich stimme dir zu, und eine Menge Therapeuten finden es extrem schwierig, „Ich weiß nicht" zu sagen. Es ist schwer, der Intellekt mag das nicht. Das Ego mag das nicht. Und dann führe ich in die Unterhaltung den Gedanken ein, dass alles Wissen eine Beschränkung ist. Das Nichtwissen bietet unendliche Möglichkeiten.

Du verstehst, dass es lange gedauert hat, bis ich zu dieser Schlussfolgerung gelangt bin. Aber ich glaube wirklich, dass die meisten therapeutischen Strukturen tendenziell einschränken. Und das meinte ich auch, als ich zuvor das Wort „Dogma" benutzte. Ich meinte, dass ein Dogma eine Einschränkung ist. Das Modell vollbringt keine Arbeit, es ist die Beziehung zwischen dem Klienten und dem Therapeuten, oder ich nenne es auch die Synergie, ein gemeinsames Praktizieren, das die Arbeit vollbringt.

Frage: Ich praktiziere Meditation. Gelten alle Meditationen, oder gibt es hier eine besondere Art der Meditation?

Mike: Nein, nichts Besonderes. Ich halte keine geleitete Meditation. Ich rede während der Meditation nicht. Ich spiele während der Meditation keine Musik. Wenn du in der Meditation sitzt, ist, was immer dir in den Sinn kommt, deine Meditation. Wenn es dir gefällt und es friedlich ist, ist das deine Meditation. Wenn es eine Ladung voller Turbulenzen ist, wie ein Sturm, ist das deine Meditation. Wenn in deiner Meditation viele Dinge geschehen, ist das deine Meditation. Wenn in deiner Meditation nichts geschieht, dann ist das deine Meditation.

Frage: Also ist es eine freie Meditation?

Mike: Natürlich, es ist eine freie Meditation. Der grundlegende Zweck der Meditation besteht darin, in die Gegenwart dessen zu kommen, was ist. Nirgendwo anders hinzugehen. Es ist das Praktizieren des Gewahrseins dessen, was ist, und dann können wir allmählich das Urteilen darüber, was ist, entfernen. Es ist tatsächlich ganz tief greifend: Das Urteilen wegzunehmen ist sehr schwierig, denn sobald du ein Urteil wegnimmst, hörst du auf, die Neurose, die dich belästigt, mit deiner Aufmerksamkeit zu nähren. Wenn du gegen deine Neurose ankämpfst und versuchst, sie loszuwerden, ist sie wie ein dreijähriges Kind, das genau bekommt, was es will, deine Aufmerksamkeit. Es ist das Wesen des Verstandes, zu denken, also bitte schikaniere deinen Verstand nicht – es ist seine Natur. Hör auf zu kämpfen, lass ihn denken und allmählich …! (Gelächter).

14

Essenz und Alter

Es gibt eine immerwährende Weisheit, die alle Kulturen durchdringt. Sie manifestiert sich immer wieder in verschiedenen Formen, entsprechend der Zeit, des Ortes und des Raumes. Die Form mag der Tanz sein, Rede, Malerei, Dichtung, Film, Skulptur, Songs – was immer einheimisch ist, keines kann besser sein als das andere, es ist einfach die Wahrheit, die Form annimmt.

Wenn es wahr ist, spricht die Lehre. Es ist nicht der Lehrer, der spricht. Sie oder er ist das Transportmittel für die Manifestation, nicht die Manifestation.

Es gibt die Weisheit des Loslassens, des Nichtidentifizierens und der Unbeständigkeit: Loslassen der Tyrannei der Angewohnheiten, die ich „mich" nenne; Nichtidentifizieren mit der Vergangenheit und der Zukunft (sich mit der Gegenwart zu identifizieren ist schwierig, da sie nie gleichbleibend ist): die Unbeständigkeit aller Objekte (die schlussendlich Konstrukte sind und ich eines von ihnen bin).

Die Form, mit der ich arbeite, ist der Körper. Ich ermutige, den Körper aus der Verbannung bis hin zur Schmach des Ausschlusses durch Descartes wiederzuerlangen. Das Außergewöhnliche ist, dass zwei der größten Lehrer, die wir je hatten, der Buddha und Jesus, beide verkörpert waren. Der Buddha sagte, dass die

Erleuchtung im Körper stattfindet und Jesus hat es demonstriert. Aber ich lehre keine Religion. Ich habe eine Abneigung gegen das Dogma, das daran geheftet ist.

Leiden stammt aus Unwissenheit; die Lösung liegt in der Ausweitung des Gewahrseins. Kein Gewahrsein von Dateninformation würde ich sagen, obwohl Daten auf bestimmten Ebenen wesentlich sind, sondern Gewahrsein dessen, was wir wirklich sind, unter der unverdauten Lebenserfahrung, mit der wir uns identifizieren. Sie muss kompostiert, integriert und losgelassen werden.

An der Suche nach der Wahrheit des Seins ist nichts Neues. Sie ist das Standbein jeder heroischen Reise im Verlauf unserer ganzen Geschichte. Sie ist immer eine Suche nach innen, gleich, wie sie dargestellt wird. Es gibt da ja keinen eigentlichen Ort, wo wir hingehen könnten, nur einen Seinszustand, der als wach bezeichnet wird. Der ist sensorisch, wie alle Disziplinen, die ich anfangs aufzählte.

Ich möchte das Alter ein wenig rechtfertigen. Ich glaube, dass es eine sensorische Magie geben kann, ein Freisetzen großer Energie, wenn eine kleine Gruppe von Menschen zusammenkommt, die schon etwas gelebt haben, etwas Kompost mitbringen, und die zusammenkommen, um sich auszutauschen, sich mitzuteilen und miteinander zu sprechen. Für jüngere Menschen ist es manchmal schwieriger, dem Pfad des Kriegers zu folgen: Sie wollen sich eine Rüstung anlegen. Der wahre Krieger, die wahre Kriegerin sind die, die ihre Rüstung ablegen. Ich will auf die Bildung eines (losen) Ältestenrats hinaus, der sich von Zeit zu Zeit versammelt und meditiert und Erfahrungen austauscht.

Ich erinnere mich an die Begegnung mit Irina Tweedie, meiner ersten spirituellen Lehrerin. Sie war Sūfī, gebürtige Russin, und hielt vor einer weitgehend englischen Hörerschaft Vorträge über Hinduismus. Nach dem Vortrag schrieb ich ihr aus einer spontanen Eingebung heraus, da ich wusste, dass sie zu mir sprach. Wie sich herausstellte, hatte sie in einem winzigen Zimmer in einem ziemlich schäbigen Stadtteil von London eine sehr kleine Gruppe. Zwei Jahre lang saß ich mit ihr zweimal pro Woche jeweils zwei

Stunden lang in Stille. Die Gruppe wuchs. Bis kurz bevor sie starb, saß sie sehr regelmäßig mit 1.500 Studierenden. Die Lehrer reden nicht mit den Schülern, die Lehre macht das. Doch sie helfen dabei, sich selbst zu nähren, vielleicht in der Art, die ich erwähnte (z. B. indem sie sich versammeln) und indem sie anderen geeignete Bedingungen verfügbar machen.

Meine Vision und meine Version der Arbeit sind etwa von dieser Art.

Wir alle berauben uns unserer Kraft, indem wir einer Vorstellung anhängen, wer wir sind, was aber nicht das ist, wer wir wirklich sind, sondern eine Reihe von Lebenserfahrungen, die wir mit uns weitertragen und von denen her wir reagieren. Wir sind nicht ganz präsent, wir sprechen, handeln und denken sogar von dem her, was ich unsere unverdauten (also nicht losgelassenen) Lebenserfahrungen nenne.

Jemand sagte mir einmal – ließ mich fühlen –, ich sei nicht gut genug. Dies verhärtet sich zur Gewohnheit, also fühle ich mich nie gut genug. Es ist aber einfach nicht wahr, es ist eine Gewohnheit!

Wenn wir ganz in der Gegenwart sind, gibt es keine Gewohnheiten. Es gibt nur das Jetzt. Was ist diese Präsenz, wie finden wir sie, wo ist sie? Der Körper ist gegenwärtig, ist er immer gewesen. Er ist das Einzige, das garantiert mit uns sein wird, solange wir am Leben bleiben. Ich habe kein Verlangen, den Intellekt loszuwerden, er ist ein hervorragendes Werkzeug, welches sich wohl oder übel die ganze Zeit weiterentwickelt. Dennoch ist es ein Werkzeug, nicht wer wir sind. Wir müssen irgendwie die Empfindungen und Gefühle des Körpers wiedererlangen, um voller zu leben, um voller zu lieben und voller menschlich zu werden. Wir sind nicht bloße Computer.

Schließlich wird das Gehirn für das Zentrum des Intellekts gehalten; das Herz ist das Zentrum der Weisheit. Es ist eine Tatsache, dass im Embryo das Herz oben am Kopf zu leben beginnt und dann faltet sich der Körper ein, um das Herz zu schützen. Ich mag dieses Bild. Lassen Sie uns in Verbindung kommen.

Wir sind veränderliche Spiegel der Identitäten,
Aphrodites Spielzeug; eine Synthese aus Widersprüchen
Hände und Arme flechten sich wie eine goldene Nabelschnur,
die spiralig in der Kathedrale meines Herzens mündet.

Du spielst seltsame Töne auf meinem bebenden Rückgrat, wie bei
der Wiederentdeckung eines lange verlorenen, geliebten Klaviers;
eine glorreiche
Symphonie der Stille.

Taumelnde Kindenergie erweckt vergessene Zellen und geheime
Korridore der Erinnerung.

Gehalten im Kelch deiner Hände,
pulsiere ich mit dem roten Ozean unter mir und durch mich.
Meerbefleckte Tränen bluten aus diesem Brodeln geschmolzener
Lava.

Der süße Duft des Wiedererkennens bringt Heiterkeit und
Einfachheit.

Ich tauche in das Meer der Gnade
Jenseits aller Gezeiten
und bade im Mysterium der Reflexion,
Der erstaunlichen Farbe des Wassers,
Der heilenden Alchemie der Präsenz.

JO FIAT

Zum Schluss, in einem heiteren Ton, sollte das Folgende zur entsprechenden Musik von Gilbert und Sullivan in regelmäßigen Intervallen in der Präsenz aller Lehrer gesungen werden:

Wenn ein Guru nicht in Meditation versunken
Sein Mantra der Woche rezitiert,
Ist sein infantiler Einfallsreichtum fähig
Die Jünger in den Wahnsinn zu treiben.
Er nimmt die Mädels zum Tantra-Yoga beiseite,
doch die Jungs bekommen Zölibat;
Wenn er sich wie ein wütendes Ungeheuer benimmt,
behauptet er, es sei, um deinen Stolz zu brechen,
Ach, mit all dem ganzen Yoga-Praktizieren
ist das Geschick eines Jüngers keines, das glücklich ist.

JOHN WREN LEWIS
(MIT GENEHMIGUNG
DER NACHLASSVERWALTER)

15

Konversationen

Das Dao ist leer – genutzt, aber nie verbraucht. Es ist die bodenlose Quelle aller Dinge. Es stumpft scharfe Kanten, löst Knoten, mildert die Blendung, reinigt den Staub. Es ist verborgen, aber immer präsent. Ich kenne seine Mutter nicht. Es ist älter als die Götter (wenn es denn Götter gibt).

> *Du brauchst deinen Raum nicht zu verlassen.*
> *Bleib am Tisch sitzen und höre zu.*
> *Du brauchst nicht einmal zu hören, warte nur.*
> *Lerne nur, ruhig zu werden, und still, und zurückgezogen.*
> *Die Welt wird sich dir freiwillig darbieten, damit du sie entlarvst.*
> *Sie hat keine Wahl: Sie wird in Ekstase zu deinen Füßen rollen.*

FRANZ KAFKA

Von Gil in Arizona:

Noch immer pulsieren seit der Klasse verschiedene Gefühle in meinem Körper. Das dramatischste und wichtigste war die Absicht, den Ausdruck „gemeinsam Praktizieren" zu verwenden, wenn ich mit Menschen arbeite. Es scheint in der Leerheit zu münden, die ich während der Arbeit mit Menschen und dir erfuhr.

Benutzt du den Atem in deinen Meditationen? Er scheint mir zu helfen, mich zu zentrieren und den Körper zu kräftigen. Er scheint bisweilen in die Zellstrukturen einzudringen und jede Zelle elektrisch zu beleben.

Mich würde interessieren, welche Auswirkungen deine meditativen Zustände auf deinen physischen Körper haben.

Liebe Gil,
mir gefiel, was du über die Absichtlichkeit zum gemeinsam Praktizieren sagtest, wenn wir mit Menschen arbeiten. Meine Deutung zu dem, was diese Absicht ausmacht, die so verschieden ist von dem „was kann ich für dich/dir tun", sie versetzt uns in die Schicht unterhalb des Traumas, das gewöhnlich im Individuellen oder Persönlichen oder Egoistischen oder Intellektuellen feststeckt – wie wir das auch formulieren mögen. Ergibt das überhaupt Sinn für dich? Dann macht die Arbeit die Arbeit, da die Subjekt/Objekt-Differenzierungen nicht dabei sind.

Wenn dies in die Leere führt, und das ist auch meine Erfahrung, dann brauchen wir die Meditation nicht mehr, da der Zweck der Meditation darin besteht, die Leere, aus der alle Formen emporsteigen, zurückzugewinnen (ich mag dies Wort).

Ich benutze den Atem durchaus in meinen Meditationen, wenn ich, was ziemlich häufig ist, in herumschweifende Gedanken abdrifte oder ihnen sogar nachjage, anstatt ihr Kommen und Gehen zu beobachten. Die Beobachtung des Atems ist dann wie eine Wegstrecke zurück in den Fokus, und das ist sie wirklich, auf der ich wieder still genug werde, sodass das Zählen dann aufhört, aber der Zustand der Wachheit/Präsenz, Aufmerksamkeit bestehen bleibt, aber ohne Objekt, nicht einmal dem Atem.

Ich möchte nicht, dass das so klingt, als ob das leicht für mich ist. Das ist es nicht. Worin ich viel besser werde, ist, dass ich mich nicht selbst kasteie, wenn ich versage, sondern einfach entspannen kann, würdigen, was vor sich geht, das ist Gewahrsein, und wieder von vorn anfangen; als ob nicht der Rede wert, was es auch nicht ist.

Wenn ich das tun kann, steigere ich kontinuierlich mein Gewahrsein dessen, was es bedeutet, ein menschliches Wesen zu sein – nicht kontinuierlich urteilen, als befände ich mich außerhalb des Prozesses. Vielleicht ist dies eine Beschreibung der Präsenz?

Es ist schwer für unsere Kultur und besonders unsere Generation, das loszulassen, was ich die protestantische Arbeitsmoral nenne, die sehr strafend und urteilend ist.

Ich liebe das Lehren, weil dann meine Praktik ein wenig diszipliniert ist. Sie ist in meinem häuslichen Alltag nicht so diszipliniert, wie sie vielleicht sein könnte. Ein Teil von mir würde liebend gerne Mönch sein, aber das ist nicht der Weg, den ich gewählt habe, und ich werde mein Bestes tun, alles einzubeziehen. Teil meiner Selbstkenntnis besteht darin, dass ich bei meiner Solo-Praxis nicht sehr diszipliniert bin. Ich weiß auch, und die Leute beobachten es, dass mein Praktizieren, nicht nur die meditativen Zustände, die ich nicht als etwas Getrenntes ansehe, meine Sicht von Schuld und Bestrafung radikal verändert hat – was mich selbst betrifft.

Ich glaube, dass die kartesianische Spaltung dringend der Heilung bedarf, aber sowohl die Wissenschaft als auch die Bildung und in hohem Maße auch die meisten spirituellen Wege stecken darin fest. Ich muss sorgsam achtgeben, dass ich nicht auf Zyniker oder Leute, die, was ich sage, als Unsinn abtun, von demselben festgefahrenen Ort aus reagiere.

Lieber Mike,
ich stimme dem zu, was du über das tiefere Einsteigen ins Innere des Egos oder der Persönlichkeit sagtest, wenn wir die Absichtlichkeit wie in dem Praktizieren im Miteinander und der Leere einsetzen. Ich finde, das trifft in der Gesprächstherapie mit meinen Klienten zu. Wenn der Raum zur Ruhe kommt und die Energie im Raum

sich verändert, was spürbar ist, dann begeben sich beide von uns in eine tiefere Ebene. Sobald wir in diesem Raum sind, scheinen die Worte nur so überzufließen, und es scheinen neue Einsichten zu sein, wie mit dem vorhandenen Problem umzugehen sei. Dies steht in direktem Gegensatz zur üblichen Gedankeninvasion und zur Analyse durch den Therapeuten. Ich bin erst im letzten Jahr dahin gekommen. Und es war so großartig, wie es in der Klasse mit dir und anderen geschah. Diese reine Leere ist so erwärmend für die Seele, die sich mit den Bombardements der Gedanken und Ängste abstrampelt.

Ja, das Wort „die Leere zurückgewinnen" ist genau, wie es sich anfühlt, wenn ich in diesen heiligen Raum gelange. Es ist wie der Geschmack eines Lichtstrahls, der unterhalb der Persönlichkeits-/Egostruktur ruhte. Und das fühlte ich bei dir und der wunderbaren Gruppe von Menschen, mit denen wir zusammen waren.

Ich leide auch an Erwartungen, besonders was die Ängste angeht, die in meinem automatischen Verstand liegen und sich um Geld drehen und ob die Leute mich mögen. Es gibt da eine essenzielle Angst, die das antreibt, und bisher habe ich noch keine Ahnung, was es ist. Es gab Momente in der Gruppe, als die Gefahr abebbte, aber in dem kleinen Kind in mir hat sie wirklich die Flucht ergriffen, und ich spürte, dass die Leute das, was ich sagte, nicht akzeptierten. Wie du in deiner Mail so wortgewandt sagtest, müssen wir über das hinausgehen, was die Zyniker über die Arbeit sagen.

Für deine Worte und Gedanken bin ich sehr dankbar. Sie spiegeln meine eigenen.

Pass gut auf dich auf, Mike. Deine Präsenz und dein Mangel an Egoantrieb sind für meine Seele und meinen Geist sehr erfrischend.

Alles Liebe,

Gil

Liebe Gil,

Ich möchte noch eine weitere Reflexion mit dir teilen, speziell in dieser Korrespondenz, die sich aus deiner E-Mail vom 24. ergibt, und zwar:

*Das Ego ist da, und in meinem Fall jedenfalls macht es sich ganz häufig schmerzhaft bemerkbar. Es ist immer da, **außer** wenn man in Verbindung im Miteinander praktiziert, tief genug, dass man irgendwie, ich weiß nicht wie, von einer Ebene kommt, einer Ebene, wo es **noch nicht Gestalt angenommen hat!** Das ist wahre Präsenz.*

In dem Modell, das ich vertrete, versuchen wir nicht, das Ego irgendwie loszuwerden. Das wäre nur ein weiteres Einrasten in die kartesianische Spaltung, und der persönliche Intellekt wäre das Werkzeug für den Job.

Die Enthüllung, die unter diesen Bedingungen auftauchen kann, kommt aus dem Nichtwissen. Für jeden Therapeuten oder Lehrer sehr schwierig, eine solche Position einzunehmen. Es ist jedoch, wie du sagst, eine heilige Position/Ort, da er aus dem Ohne-Anfang, Ohne-Ende kommt, und das ist das Heilige.

Ich möchte Folgendes mit dir probieren: Können wir eine Stufe weitergehen als „Sobald wir in diesem Raum sind, scheinen die Worte nur so überzufließen, und es scheinen neue Einsichten zu sein, wie mit dem vorhandenen Problem umzugehen sei"? Ich glaube, dass wir das vielleicht können und dass die Einsichten, ob die des Behandlers oder die des Klienten, die Heilmittel sind.

*In sich, einfach das! Das wäre so eine Kraftquelle. Keiner von beiden muss irgendetwas tun. Einfach nur in dieser Enthüllung oder Bewusstheit **sein**, die der neue Zustand **ist**. Das Problem kann dann als etwas betrachtet werden, das keine eigene Substanz hat, einfach etwas, ein Gefühl oder Gedanke oder eine Emotion, womit wir uns zeitweise identifiziert haben.*

Das wäre nicht, tiefer ins Ego zu gehen, sondern vielmehr zum Subjekt des Egos zu werden statt zu seinem Objekt. Seiner Entstehung vorherzugehen, wie in dem Mythos von der Enthüllung der Trennung im Garten Eden geschildert.

Das ist natürlich gewaltig und ein Schlag ins Gesicht für das Gros didaktischen Lehrens, einschließlich der meisten Modelle der Psychologie, und für alle **dogmatischen** Religionen, obschon nicht für die mystischen Traditionen. Die dogmatischen Religionen liebäugeln mit Absolutem, **begrenzen aber dann das Absolute** als etwas dem Wesen nach außerhalb. Die mystischen Traditionen, die meisten von ihnen, können keinen Unterschied zwischen da draußen und hier drinnen sehen – außer der Erkenntnis.

Einige Traditionen möchten uns gegen Maya, Illusion, das Ego in den Krieg ziehen sehen und es zu zerstören versuchen. Ich würde sagen, im Vorbild des Milarepa, welches ich liebe, lasst es uns besser kennenlernen, uns damit anfreunden, seiner voller bewusst werden als Kompost, bis es zu einem wichtigen Jünger wird, wir könnten sagen, einer Erweiterung. Dann weiten wir uns in die vollere Erkenntnis unserer ganzen Identität aus. In den Krieg zu ziehen macht kleiner. Wir führen Krieg, nicht nur mit dem, was anders ist, wir führen auch Krieg mit der Achtsamkeit. Wie schade! Die Ursache ist das Urteilen anstatt der Ausweitung der Bewusstheit.

Ich finde, ich kann keine großartigen langen Essays an einem Stück schreiben, ich werde abgelenkt und verliere den Faden, deshalb mache ich hier Schluss.

Liebe Grüße,
Mike

16

Wer macht die Arbeit?

In früheren Kapiteln haben wir Themen wie „Lassen wir die Arbeit oder die Synergie die Arbeit machen?" besprochen und haben angedeutet, dass, je mehr wir aus dem Weg gehen können, desto leerer die Schale sein kann, dann umso tief greifender die Wiedergeburt in eine besser angepasste, weniger gehemmte Form.

Die Folge davon ist, dass je mehr das persönliche und eingeschränkte Ego seinen Halt verliert, wir desto mehr in Kontakt mit einem wahreren und unbegrenzten Selbst sein werden. Die Arbeit, die aus dem Ort kommt, den alle menschlichen Wesen gemeinsam haben, kann sehr kraftvoll, sogar lebensverändernd sein, wie viele Menschen berichten.

An dieser Stelle geraten wir ein bisschen ins Schleudern. Wir haben unsere Identifiziertheit genügend losgelassen, damit die Arbeit die Arbeit macht. Jetzt fallen wir zurück in die Identifikation und wollen analysieren, was für Arbeit gemacht wurde und wie wir sie wieder tun können. Hingabe und Vertrauen sind nicht leicht. Die Einzigartigkeit jeder Situation, wie sie sich enthüllt, ist eine bereitwillig akzeptierte Theorie, aber was ist mit der Erhaltung und Praxis? An ihnen muss kontinuierlich gearbeitet werden, sonst sind wir schnell wieder da, wo wir begannen, im persönlichen Intellekt.

Ich weiß nur zu gut, wie gern ich ohne Weiteres die Lorbeeren für eine Veränderung oder Verbesserung einstecken würde. Das Paradox ist, wenn ich verantwortlich gewesen wäre, wäre es nicht geschehen!

Ich möchte stark betonen, dass je mehr wir aus dem Weg gehen, desto größer kann das Ergebnis sein, aber aus dem Grund, weil wir aus dem Weg gegangen sind, und wir haben keine geheimnisvollen Kräfte oder Patentlösungen erlangt, die die Menschheit heilen würden.

Jedem annähernd erfolgreichen Heiler, gleich welcher Gesinnung, werden Eigenschaften und Kräfte zugeschrieben. Es ist wichtig, zu erkennen, dass diese Projektionen aus dem Bedürfnis des Klienten stammen und keine Feststellungen von Tatsachen sind. Meiner Ansicht nach führt jede andere Sichtweise schließlich und unvermeidlich zur Selbstverherrlichung und folglich zu Missbrauch.

Ich habe schon gesagt, dass jeder diese Arbeit machen kann, und ich hoffe, dass sehr viele mehr ermutigt werden, das zu tun. Die einzige Einschränkung, die wir alle haben, ist unsere mangelnde Fähigkeit, das aufzugeben, was uns von der Quelle getrennt hält – das heißt, unsere individuellen Lebensgeschichten, mit denen wir uns so stark identifizieren.

Die Statue aus Marmor oder Kupfer oder Stein oder Holz ist nicht der Buddha. Die Statue ist genauso wenig der Buddha, wie die Freiheitsstatue die Freiheit ist. Sie ist ein Symbol für Freiheit.

Sie sind der Buddha. Vielleicht ist das Bewusstsein ein bisschen umwölkt, aber unter all den Schichten der Illusionen ist es das, wer Sie wirklich sind.

Es gibt eine Flut
Ich bin in der Flut
Ich bin die Flut.

Periodisch flammen in den Medien Diskussionen über die Existenz Gottes auf. Auf ihren jeweiligen Sachgebieten hoch angesehene Personen sprechen für die eine oder andere Seite. Die Diskussion ist unweigerlich intellektuell, und während sie intellektuell bleibt, werden die Menschen auf jeder Seite auf einer intellektuellen Ebene ein Gefühl der Genugtuung aus dem Einfluss der Argumente mitnehmen.

Es mag sein, dass es einigen Wissenschaftlern nicht passt, sich das Absolute wie Blakes Patriarch mit langem, wallenden Bart und einem Zirkel vorzustellen. Ich weiß nicht, wie viele Menschen an diesem unschuldigen Bild festhalten.

Wenn es jedoch, wie einige dagegen halten, kein Mysterium gibt und der Intellekt früher oder später alles erbarmungslos erklären wird, dann ist zweierlei geschehen: Der menschliche Intellekt ist zum absoluten Gipfelpunkt der Evolution erklärt worden, und Gott wurde von denen erschaffen, die das leugnen.

Das Problem, meiner beschränkten und voreingenommenen Beobachtung nach, liegt darin, dass der Intellekt nicht immer intelligent ist!

Ich möchte mich lieber Einstein anschließen, einem Wissenschaftler von Rang und Namen (obwohl es natürlich die Aufgabe späterer Intellekte ist, seine Leistung herabzuwürdigen, um in der Rangfolge oben zu bleiben), wenn er sagt:

Ein Mensch ist Teil des Ganzen, das von uns Universum genannt wird … Wir erfahren uns, unsere Gedanken und Gefühle als etwas vom Übrigen Getrenntes. Eine Art optischer Täuschung des Bewusstseins. Diese Täuschung ist so etwas wie ein Gefängnis für uns, schränkt uns auf unsere persönlichen Begierden und auf die Zuneigung zu einigen wenigen uns am nächsten stehenden Personen ein. Unsere Aufgabe muss sein, uns aus dem Gefängnis zu befreien, indem wir unseren Umfang des Mitgefühls auf alle lebenden Kreaturen ausweiten und auf die ganze Natur in all ihrer Schönheit. Der wahre Wert eines Menschen wird von den Maßnahmen und

Sinnen bestimmt, mit welchen sie Befreiung vom Selbst erreicht haben. Wir werden eine im Wesentlichen neue Denkweise brauchen, wenn die Menschheit überleben soll.

ALBERT EINSTEIN 1954

Wissen Sie, ich vermute, es wird eher die Intelligenz als der Intellekt sein, die uns überleben hilft.

Die, deren Praxis nicht verschieden oder getrennt von ihrer Meditation oder spirituellen Praktik ist, fragen oft, warum, wenn diese Art des Arbeitens Resultate erzielt, es nicht in Schulen gelehrt wird. Spiritualität ist kein Objekt. Die Schulen werden oft gefragt, was die Unterrichtsgegenstände sind. Sie lehren Gegenstände, Objekte, und das ist völlig angemessen. Wir gehen zur Schule, um Informationen und eine Struktur zu erwerben, Bausteine, mit denen wir ein Gebäude mit Namen „Bildung" errichten können. Dies Gebäude ist wesentlich für unsere Kontinuität und das Gedeihen als das separate Wesen, das wir „ich" nennen.

Dieses „ich" ist großer und zunehmend komplexer Werke fähig, auf allen möglichen Gebieten, da Werte und Vernunft einer Generation auf den Werten und der Vernunft der vorhergegangenen aufbauen.

Es bleiben Werke, und ich schlage vor, werden Werke bleiben, die außerhalb der Aufsicht der Vernunft eigenschöpferisch entstehen – Werke, vor denen wir Ehrfurcht bewahren, und dies ist das Wirken der Intelligenz selbst, eines unendlichen Potenzials, von dem der Intellekt eine winzige gesonderte Manifestation ist.

Dies ist der Blick des Mystikers, ganz verschieden von dem eines Richard Dawkins und seinem Mangel an Bedürfnis nach Gott oder einer höheren und kreativen Intelligenz. Weder der eine noch der andere von uns braucht sich jedoch Sorgen zu machen, da die Ebenen des Seins und des Verstehens getrennt sind.

Im Buddhismus wird das Wissen als ein Hindernis zum Verstehen betrachtet, wie ein Eisblock das Wasser am Fließen hindert. Es heißt, wenn wir eine Sache für die Wahrheit halten und uns daran klammern, würden wir die Tür nicht öffnen, sogar wenn die Wahrheit persönlich anklopft. Damit sich die Dinge uns enthüllen, müssen wir bereit sein, unsere Ansichten über sie preiszugeben.

THICH NHAT HANH

Nun, das gefällt mir wirklich!

17

Nichts tun

Mir ist, als ob ich endlos mit diesem Thema fortfahren könnte.
In unserer Kultur und Erziehung ist es so schwer, daran zu
glauben, dass so etwas wie Nichtstun von Vorteil sein könnte. Wir
haben akzeptiert, dass wir ständig etwas tun müssen, und noch
schwerwiegender, wissen müssen, was wir tun.

Hin und wieder lade ich Klassen ein, ganz gleich, ob Therapeuten oder nicht, von einem Ort des Nichtwissens aus miteinander zu arbeiten. Die Anleitungen lauten etwa so:

1. Schafft den Informationsdialog, die Vorgeschichte oder Anam-
    nese, wenn ihr so wollt, erst einmal aus dem Weg, indem ihr
    dem Problem so zuhört, wie der Klient es darstellt.

2. Vergewissert euch, dass der Klient oder die Klientin es auf der
    Behandlungsliege bequem hat, wenigstens im physischen Sinne.

3. Setzt euch neben die Liege oder Matte oder den Stuhl, was
    immer ihr benutzt.

4. Zentriert euch. Erspürt den Kontakt mit dem Boden und
    dem Himmel. Überprüft euch und sorgt dafür, dass ihr wirk-
    lich präsent seid. Bin ich in Verbindung mit meinem Stuhl,
    meinen Füßen, meinen Händen, sogar mit meinem Denken?

5. Dann, und erst dann, nehmt sanft den körperlichen Kontakt auf, da, wo es euch angenehm scheint. Wenn ihr lieber keinen körperlichen Kontakt wollt, der energetische Kontakt, eine Absicht, ist auch ein Kontakt.

6. Dann *tut* nichts! Empfangt einfach, was immer euch angeboten wird, ohne inneren oder gesprochenen Kommentar. Beurteilt es nicht; analysiert es nicht; versucht, nicht wissen zu wollen, was es bedeutet; empfangt einfach nur, was ist.

7. Formen, Gedanken, Muster, alle Konzepte werden aufkommen. Wenn ihr euch darauf einlasst, landet ihr auf einem Plateau und da werdet ihr dann bleiben – was auf der Ebene sehr nützlich sein kann.

8. Wenn ihr allerdings einfach in dem völlig offenen Erkunden bleiben könnt, kommen andere Formen auf, mehr und mehr, bis ihr eine Ebene des Interseins (inter-being) erreicht, wo das, was es zu erklären gibt, erklärt worden ist. Da setzt sich etwas, ein Frieden stellt sich ein, in meiner Erfahrung wird auf beiden Seiten anerkannt, dass die Geschichte erzählt ist. Die Geschichte wurde gehört. Im Erzählen und im Hören liegt große Heilung und die Arbeit ist getan. Zumindest für heute.

Ich glaube, es könnte klar sein, dass diese Arbeit nicht notwendigerweise einen therapeutischen Hintergrund erfordert. Wer die obigen Vorschläge erfüllen kann, kann die Arbeit tun. Arbeit mit dem Geist bedarf keiner intellektuellen Fähigkeiten, sondern vielmehr einer völligen Offenheit und Hingabe dem gegenüber, was ist. Dies Letzte ist die schwierige Stelle, die Hingabe.

Nun möchte ich etwas Sand ins Getriebe geben: Ein Kommentar über die Wirklichkeit des Nichtstuns, das ist nicht möglich! Unsere Präsenz allein ist schon ein Tun. Was wir aber vielleicht machen können, ist, der Synergie einer Beziehung zu erlauben, die Arbeit zu tun, und wir bezeugen einfach das, ohne absichtliches Einlassen auf das, was aufkommt, nur die Enthüllung.

In unseren Klassen ist es nach der Sitzung mit „körperlicher Berührung" Brauch, dass die Gruppe wieder in einem Kreis zusammenkommt und die Erfahrung besprochen wird, aus der Sicht des „Behandlers" und der des „Klienten". Klar gibt es da zugegebenermaßen eine gewisse Künstlichkeit um diese Beziehungen, da beide Parteien, gleich welche Rolle sie gerade innehaben, sich gleichzeitig miteinander in einer gemeinsamen Übung von Gleichrangigen befinden.

Die Erfahrung, wie sie beschrieben wird, ist manchmal auf beiden Seiten scheinbar ähnlich. Manchmal scheint sie völlig unterschiedlich. Ich habe damit kein Problem, da zwei Personen jedes Ereignis immer unterschiedlich erfahren, einfach weil es verschiedene Personen mit unterschiedlichen Sinnesfunktionen und verschiedenen Lebenserfahrungen sind, von denen aus das Ereignis beurteilt wird. Ich glaube, wenn aus irgendeiner Gruppe Berichte über ein Ereignis in identischen Begriffen kämen, wäre ich höchst misstrauisch, ob da nicht eine Art Massenhysterie am Werk wäre.

Was vielen von uns durch diesen Prozess, im miteinander Teilen klar geworden ist, ist die Relativität aller Erfahrung, das heißt, sie ist einerseits relativ zu der Zeit, dem Ort, dem Raum, den beteiligten Personen, andererseits geschehen die tiefsten lebensfördernden Erfahrungen dann, wenn die Beziehung weniger im Tun von einer Person zur anderen besteht, sondern mehr in einem gemeinsamen Praktizieren zwischen zwei oder mehr Personen. Ich sage zwei oder mehr, da unter unseren Bedingungen mehrere weitere Paare in demselben Raum in Verbindung mit dem einen Energiefeld sind. Ich zweifle nicht daran, dass dies die Dynamik erhöht.

Was manchmal gehört wird, ist das Folgende:

M.: Mir war, als ob er mir ein Geschenk machte. Es war eine jener Sitzungen, in denen ich, sobald ich saß, das Gefühl hatte, ich könne mich einfach freilassen; das erste Mal, seit ich hier ankam. Die Zeit war so still wie die Medizinschale (das bezieht sich auf die Klangschale, die ich benutze, um das Verstreichen einer Zeitspanne zu markieren), doch gleichzeitig hatte die Stille in ihrem Innern einen anderen Ton. Was wunderschön war, überall, wo die Stille hinging, und überall, wo meine Aufmerksamkeit hingezogen wurde, gab es die Muster auf der Ebene seines Systems. Es war das erste Mal, dass da diese kristalline Wahrnehmung war, dass die Muster nichts anderes sind als eine weitere gesichtslose Form, die Jon angelegt hatte.

Es entfaltete sich weiter und weiter so. Es wurde zu jedem Muster und jedem Gedanken, der in mir auftauchen mochte. Alles Geschehen im Raum war nur ein weiteres Gesicht, das die Stille angelegt hatte. Es gab nichts zu tun, außer die Fahrt zu genießen. Als das richtig groß wurde, hielt ich sein Becken und erkannte plötzlich, dass kein Gewicht mehr in meinen Händen war. Ich dachte: „O mein Gott, J. wird so leicht!" Ich schaute ihn direkter an und die ganze Beckengegend wurde zu diesem wunderbaren Lotos und jedes Blütenblatt war eine der Erfahrungen; jede Blüte war eines der Lebensmuster, aber es war alles dieselbe Stille.

Ich glaube, ich ging zu deinem Kopf oder deinen Schultern über (er wendet sich dabei der Person zu, über die er spricht). Ich erinnere mich nicht.

Da war es dasselbe; einfach diese schöne, flüssig bewegliche Stille beobachten und hindurchgehen und diese Muster anschauen und wieder bemerken, dass es immer größer wurde. Ich musste auf meinen Körper schauen, weil ich das Gefühl hatte, dass ich mir einfach die Hände an diesem großen Feuer aufwärme. Das Feuer war einfach da; das Feuer, das in deinem Herzen ist, und das Feuer, das in den Sternen ist, und das Feuer, das im Mittelpunkt unserer Mutter (Erde) ist. Es war gut.

J.:   Es war eine vielschichtige Sitzung. Als M. diese Muster wahrnahm, war ich mir bewusst, dass ich die Erfahrungen spüren konnte, die in meinem Körper gespeichert waren. „Ah, das war die Zeit, als ich mir den und den Knochen brach. Ah, das war die Zeit, wo ich mir das verletzte." All diese Bilder, von wo die Muster kamen, stiegen in mir auf. Nuancen kamen hinzu, und alte Träume kamen herein, und es fühlte sich an, als ob ich durch ein Haus wanderte, eine Tür öffnete, und in ein Zimmer nach dem anderen schaute. Jedes Zimmer im Haus war mir vertraut, doch ich hatte noch nie vorher erkannt, dass es alles Zimmer in demselben Haus waren. Während M. sie als Blütenblätter wahrnahm – sah ich also den Lotos als das größere Haus. In dieser Stille war ich größer als diese Verletzung oder jener Schmerz oder dies Muster, oder jene Reaktion; dies ist mehr als alles davon und es ist auch das. Es ist einfach ein weiterer Anblick oder Teil des Hauses. Dafür habe ich keine Worte mehr.

Dieser Austausch war Teil des Berichtes über zwei Behandler, die zusammenarbeiteten, wo M. der Klient und J. Therapeut war. Beide sind Männer und erfahrene Behandler.

Das Folgende sind Notizen als Feedback zu einer Demonstrationssitzung von mir, wo ich an einem Tisch mit einer Person, dem Klienten, arbeitete, und der Rest der Gruppe (etwa 22 Personen), die mehrheitlich aus Craniosacraltherapeuten bestand, saß und lag im Raum verteilt, mit der Absicht, einfach nur zu empfangen, welche Dynamik auch aufsteigen mochte. Sie konzentrierten sich nicht auf das, was auf dem Podest, dem Tisch, der Liege, oder wie wir das nennen wollen, vor sich ging oder nicht vor sich ging. Es war eine Demonstration über die Wirkung von Synergie in einem größeren Feld. Ich nenne das manchmal „die Arbeit die Arbeit tun lassen". Ich würde sagen, das kann nur geschehen, wenn der Behandler genügend aus dem Weg geht und, ohne selbst „etwas zu tun", diese Dynamik zulässt, erlaubt, dass „die Arbeit ist, die die Arbeit tut" sichtbar wird. Hier ist einiges aus dem Feedback des „Publikums":

N: Ich war mir ständiger Veränderung bewusst, wie Momente sehr präsent sein zu können. Ich fühlte, als ob ich wirklich im Körper war und meines Atems bewusst und dies war durch den ganzen Körper gefühlt. Ich konnte auch sehen, wie mein Verstand nach Unterhaltung suchte, also schweiften die Gedanken in eine Geschichte oder suchten nach etwas und dann ließ ich es fallen und kam zurück ins Gegenwärtigsein. Dann suchte der Verstand einen anderen Weg und ich wurde schläfrig und begann zu dösen. Ich musste meinen Körper bewegen, um wieder präsent zu sein. Er bewegte sich ständig durch all diese verschiedenen Schichten.

X: Für mich fühlte es sich auch ganz so an, und ich konnte hören, wie meine Aufmerksamkeit sich mit dem Klang der Vögel und den Geräuschen von der Straße verlagerte, und dann ließ ich diese los und wurde wieder ruhig. Dann zog mich etwas anderes in den Bann und ich dachte: „O, wie leicht ich doch abgelenkt bin" und versuchte dann, wieder loszulassen und ruhig zu werden. Es war ein Tanz. Ich versuchte, sehr sanft zu sein, nicht mit einem „Ach, was mache ich da!" zu reagieren.

Mike: Ja, das ist eine viel freundlichere Art zu arbeiten.

Eine Bemerkung zur Präsenz: Es wird viel missverstanden, dass es bei der Präsenz nicht nur darum geht, dass man wach auf ein Ziel fokussiert ist, sondern gleichermaßen gewahr, dass man nicht auf das Objekt fokussiert ist, das man sich sich vorgenommen hat. Wenn wir das im Sinn behalten, brauchen wir uns auch weniger dafür zu kasteien, dass wir nicht perfekt sind!

Y: Ich fühlte mich ein wenig leer. An einem Punkt spürte ich, wie ich die Rückseite meines Herzens wahrnahm und ich spürte ein sanftes Oszillieren wie bei einem Motor im Leerlauf. Ich erinnerte mich, dass Motoren mir Angst machen, und vor dem jetzt hatte ich keine Angst, also das war wirklich interessant. Ich ließ das fallen und wollte mich dann hinlegen und dachte: „O, ich sollte mich nicht hinlegen" und tat es aber doch.

Mike zu A: Ich glaube, du wolltest etwas sagen?

A: Ich bekam von der Arbeit eine sehr physische Empfindung. Ich begann meinen Hals zu bewegen und konnte etwas in meinem Herzen spüren. Als ich aufsah, sah ich, dass es da war, wo deine Hände aufgelegt waren (an dem „Klienten"). Die Hauptsache, die ich die ganze Zeit spürte, war dies sehr tiefe, gesunkene Gefühl in meinem Becken.

Mike: Danke.

Z: Ich hatte eine ganz andere Erfahrung. Während ich mich erdete, fühlte ich, wie ich tief hinunter in Mutter Erde ging und genährt wurde und dann spross ich hoch. Mir war, als ob dieser Spross von mir hochkam und ich mich öffnete und der Same fiel auf den Boden und ich dachte: „Hmm, bin ich der Same? Verfolge es einfach und denke nicht drüber nach!" Ich spürte, wie der Same sich öffnete und die Schote oder Hülse des Samens fühlte sich an wie eine Schale (siehe die vorige Bemerkung zur Klangschale). Mein Kopf und Herz fühlten sich verbunden und dieser Same fühlte sich an, als ob er sich zwischen den beiden aufspaltete. Da war so viel, aber es war eine wirklich tiefe Erfahrung.

Mike: Was für ein herrliches Bild. Danke.

Mike zum „Klienten": Was ist mit dir, C.? Da wir früher noch nicht zusammengearbeitet haben, interessiert mich, ob du überhaupt mit irgendetwas in Kontakt gekommen bist?

C: Ich habe meistens beobachtet, und ähnlich wie X. bemerkte ich dies Bedürfnis nach Unterhaltung. Ich schloss meine Augen und es kam etwas Stille. Ich bemerkte sogar, während es geschah, dass ich meinen Hals auf verschiedene Arten bewegte. Dann wurde ich wirklich still und fühlte meinen Kern, und an dem Punkt hörte ich, wie du deinen Stuhl bewegtest. Ich guckte und du gingst zur Herzgegend. Ich nahm einen tiefen Atemzug und ging wieder nach innen und begann zu hören, wie die Vögel sangen, und verlor mich dann in irgendwas und fühlte mich schläfrig und dann kam ich zurück und war wieder präsent. Die ganze Zeit rein und raus.

Mike: Also war in dem Feld definitiv etwas für dich da?

C: Ja, da war was.

X: Als du mit der Sitzung begannst, war mir bewusst, dass es eine physisch körperliche Reaktion gab, als der Tisch aufgestellt wurde und die Arbeit anfing. Vermutlich, weil es ziemlich das ist, was ich den ganzen Tag mache, und mein Körper sagte: „Okay, hier sind wir nun und gehen an die Arbeit." Es war eine interessante Wahrnehmung. Es gab da eine Schichtung. Ich hab' ne Menge jongliert und beobachtete also all die Gedanken fallen und dachte: „Das ist in Ordnung", und dann wie die anderen auch sagten, sank es in diesen ruhigen Ort. Gedanken tauchten auf und gingen unter. Ungefähr zur selben Zeit konnte ich die Resonanz spüren, als du herkamst und umschaltetest. Sogar die Empfindung des Endes war ganz klar: einfach dies Aufsteigen und Rückverbinden. Für mich war es einfach ein Bewusstsein jener strömenden, unkonditionierten Reaktionen.

Mike: Gut. Was war mit der Müdigkeit (die sie zuvor erwähnt hatte)?

X: Ach, die Müdigkeit ist einfach ein klares Gewahrsein, dass es Dinge gibt, die ich loslassen kann oder muss. Harte Arbeit ist, wie du sagtest, ein Lebensmuster gewesen. Eine Art Kreislauf, hart arbeiten zu müssen, und ich lerne noch, das preiszugeben – es ist so tief verankert.

Mike: Jemand von den anderen?

J: Ich hatte gestern Nacht einen Angsttraum und schlief nicht gut. Ich war mir dessen bewusst und versuchte heute Morgen dranzubleiben. Ich schloss meine Augen, als die Arbeit auf dem Tisch vor sich ging, und da stellte sich dies echt zarte Gefühl im Brustbereich um mein Herz herum ein. Es war so zart, ich hatte das Gefühl, ich sollte die Hand auf mein Herz legen, einfach um dabei zu bleiben. Als ich das tat, fühlte ich, wie mein Herz sich wirklich ausweitete und ich erkannte, dass die Angst diese Region geschrumpft hatte.

Mike: Noch jemand?

Y: Ich bin mir bewusst, und das nicht nur in der Morgenmeditation, sondern jetzt auch, dass dies die größte gemischtgeschlechtliche Gruppe ist, in der ich in dieser Art von Arbeit jemals war. Ich habe dies wirklich wunderbare Gefühl der Potenz der höheren Anzahlen und der Pferdestärken.

Mike: Vielleicht ist das der Motor im Leerlauf! (Gelächter)

Y: Ich finde das sehr interessant. Ich versuche, es so sein zu lassen, um nicht da reinzugehen und den Motor in Gang zu setzen und zu denken: „O, was für ein schnelles Auto!" Ich muss mich nicht schnell bewegen. Damit habe ich nichts zu tun.

Mike: Wir müssen nicht nach Besonderem, Außergewöhnlichem suchen oder es erwarten. Obwohl das uns helfen kann, mit dem in Verbindung zu kommen, was da ist. Die meiste Zeit über wissen wir nicht, was da ist. G., hast du noch etwas anzumerken?

G: Unsere Verbindung ist so tief, dass es keine Grenze gab und diese Grenzen-losig-keit (boundary-less-ness) dehnte sich überall hin aus, sodass es keine Grenzen zwischen mir und irgendetwas gab. Das klarste Beispiel war das Gurren der

Turteltaube. Die Turteltaube war nicht länger da draußen, sie war hier drinnen. Da war der Trost, an einem leeren Ort zu sein.

Mike: Das erkenne ich wieder. Es gibt keine Trennung zwischen zwei Personen oder 24 Personen. Wie weit kann das gehen? Alle Menschen, aber natürlich nicht nur Menschen. In anderen Worten, was wir Grenzen nennen – Trennungen –, die gibt es nicht. Auf dieser Ebene ist es nützlich. Auf anderen Ebenen, insbesondere der mental/emotionalen Ebene und ganz bestimmt auf der physischen Ebene, sind Grenzen sehr wichtig. Sich der Ebenen bewusst sein, wird hier wichtig. Die meisten Psychotherapeuten reden so viel über Abgrenzung, aber ich verstehe nicht ganz, wie man sich gegen den Geist abgrenzen kann. Schock, Entsetzen! Es gibt keine Grenzen (auf dieser Ebene)!

Alle obigen Kommentare repräsentieren eine bestimmte Bewusstseinsebene. Es kann andere Bewusstseinsebenen geben und es gibt sie oft auch, und sie werden von Zeit zu Zeit in der Zukunft berichtet werden. Sie haben, was mich betrifft, den gleichen, aber verschiedenen Wert.

Der folgende Kommentar ist aus einem anderen Kurs an einem anderen Ort, zu einem anderen Zeitpunkt, mit anderen Personen:

L: Als P. an meinem Kopf arbeitete und an meinen Ohren arbeitete – fühlte ich, wie sich in meinem Bauch etwas löste und in den Kopf ging. Und das brachte ein weites Lächeln hervor. Ich hatte eine sehr starke Anspannung im Hals, als ob mich jemand erwürgen wollte. Ich fragte mich: „Aber wer ist das, der mich erwürgen will?" Und dann erkannte ich, dass ich es selber war, der jemand anderen erwürgen wollte, aber anstatt es zu tun, war ich gewohnt, meinen ganzen Körper anzuspannen und die Spannung in mir zu halten. Aber jetzt hat sich das auch gelöst. Vielleicht gut so! Das scheint eine wichtige Wahrnehmung zu sein, diesmal auf einer psycho-emotionalen Ebene.

Ich würde die Vermutung riskieren, dass die meiste – die überwiegende Mehrheit der Arbeit, die Craniosacraltherapeuten tun, auf einer psycho-emotionalen Ebene stattfindet. Nur ein kleiner Prozentsatz ist rein physisches Reparieren von etwas und ein ganz kleiner Prozentsatz ist, entweder absichtlich oder nicht, spirituell.

Das liegt einfach an dem gefühlten Verständnis darüber, was ein Craniosacraltherapeut tun *sollte*. Nebenbei betrifft dies wahrscheinlich alle Berufsbeschreibungen und daher unvermeidlich auch die Einschränkungen eines Berufs! Wenn wir die Beschreibung loslassen, wissen wir vielleicht nicht, wer wir sind, werden aber fähig sein, uneingeschränkt zu arbeiten.

Es gibt viele Ebenen der Arbeit, der Interaktion. An diesem Punkt kann ich vielleicht nur sagen, dass alle Ebenen miteinander in wechselseitiger Beziehung stehen, gegenseitig voneinander abhängen, wechselwirkend aufstreben, wie immer wir das beschreiben wollen, und der Unterschied ist eine im großen ganzen eine Sache der Wahrnehmung. Alle Ebenen sind die ganze Zeit über da. Die interessante Frage ist, wo das Gewahrsein ist.

Nun versuchen wir zusammenzufassen. In der Essenz ist das Tun, worüber wir gesprochen haben, das schwerste überhaupt, was irgendjemand tun könnte, weil es nichts tun ist. Wir haben gesagt, dass dies im wörtlichen Sinn nahezu unmöglich ist.

Wir haben auch gesagt, dass friedlich zu beobachten, was wir tun, ohne sich dabei zu engagieren und ohne zu urteilen, das Nächstbeste ist.

Wenn aus dieser Arbeit *Frieden* entsteht – und das wird oft berichtet –, dann ist es meiner Ansicht nach eine erfolgreiche Sitzung. Ich persönlich kenne keinen wünschenswerteren Zustand.

Es kann sein, dass in jenem *Frieden* einige der nicht nützlichen Gewöhnungen, die wir mit uns herumtragen, durch die *Intelligenz* aufgelöst werden, und dass wir eine besser angepasste Art des Seins finden. Das würde ich Wiedergeburt nennen.

Zuerst den *Frieden*! Da jeder Wandel, der dem denkenden, umherhoppelnden, identifizierten, urteilenden Verstand entspringt, durch die Fähigkeit des Intellekts in seiner Reichweite eingeschränkt sein wird, und das ist wirklich eine Einschränkung.

Wenn Sie aufhören, ein Konzept zu sein, hören Sie auf, etwas Getrenntes zu sein, und werden zu einem Sein, nicht zu einem Tun.

Das ist mit nichts tun gemeint.

18

Das Lehren

Es gibt kein Ende. Es gibt keinen Anfang. Es gibt nur die Leidenschaft des Lebens.

FEDERICO FELLINI

Die Übung der Achtsamkeit ist in diesen schwierigen Zeiten wichtiger als jemals zuvor. Wenn wir als Individuen uns nicht die Zeit nehmen, Achtsamkeit zu praktizieren, wird es nicht nur schwierig, das Leiden in unserem eigenen Leben zu transformieren, sondern es wird schwierig, das Leiden in der Welt zu transformieren. Es ist lebenswichtig für uns, für unsere Kinder und die Erde, eine Übung zu haben, die uns hilft, achtsam zu sein, die uns zu uns selbst kommen und im gegenwärtigen Moment bleiben lässt, damit das Leiden in uns und in unserer Umgebung transformiert wird.

THICH NHAT HANH

Zu der Geschichte gibt es kein Ende; die Geschichte lebt sich kontinuierlich weiter, und wenn Sie sich aufgerufen fühlen, die Arbeit zu lehren, bitte tun Sie es von dem Ort her, wo Sie es erfahren, nicht von dort, wo sie Konzepte bilden. Konzepte eignen sich viel-leicht, wenn Sie Arithmetik unterrichten (obwohl es auch mys-tische Mathematiker gibt), aber nicht für die spirituelle Arbeit.

Die Lehre ist das, was zählt, nicht der Lehrer. Das ist ein Motto, welches ich konsequent und durchgängig in meinem Leh-ren anwende, und ich glaube, es lohnt, es hier zu wiederholen.

All meine Arbeit war „Führen durch Folgen". Wie Ray Grigg im Dao des Seins, *The Tao of Being*, ab Vers 30, sagt:

Im Reich des Denkens lässt sich nichts mit Gewalt erlangen. Übe Druck aus und die Gedanken stolpern über sich selbst. Probiere etwas und es gibt Verwirrung. Suche und kämpfe und alles, was gefunden wird, ist Suchen und Kämpfen. Wie sich mit dem Dao zu bewegen, so kommt das Verstehen aus sich selbst.

Die Vorbereitung für das, was aus sich selbst entsteht, heißt Lernen. Konzentriere dich aufs Lernen und der Erfolg wird kommen. Arbeite am Verstehen und das Scheitern wird kommen.

Alles Lernen ist Lernen durch Folgen. Lerne sanft und behutsam, so wird das Folgen nicht gestört. Lerne mit Zorn und das Folgen führt in die Angst; lerne mit Angst und das Folgen führt zu Zorn.

Um zu verstehen, lerne und vergiss dann das Lernen. Lass los und vertraue. Verstehen kommt mühelos. Es wird nicht erworben, sondern geschieht.

Staune und werde weich und offen. Lass das Verstehen führen. Vertraue dem Loslassen und folge seiner Führung. Dies heißt Verstehen-durch-Folgen. Lass sanft und behutsam los, damit das Folgen nicht gestört wird.

Verstehen kann vom Selbst nicht kontrolliert werden. Lerne verstehen, indem du lernst, selbstlos zu sein.

Verstehen ist vom Selbst befreites Denken, das sich unbeschwert in der leeren Fülle des Dao bewegt.

Wir haben versucht, diesem Diktum zu folgen, und die Lehre ist zur Enthüllung dessen geworden, was auftaucht, wenn eine Gruppe von Studierenden und ein Förderer/Lehrer in einem gemeinsamen Praktizieren miteinander arbeiten. Dies ist ziemlich das Gegenteil der weitverbreiteten Form des Lehrens, die didaktisch und dogmatisch ist. Ich fürchte, die letztere neigt dazu, dem Studenten die eigene Kraft wegzunehmen, und ist leider vorherrschend.

Wir würden gern sehen, was da ist, nicht so sehr, was da sein sollte noch, was uns jemand anderes sagt, was wir erwarten sollten. Es ist gefährlich, die Wahrheit vorherzusagen. Es kann sein, dass wir sie durch das Voraussagen auf das reduzieren, was wir erwartet haben.

Der Vorläufer zur Fähigkeit, zu sehen, was wirklich ist, ob im Klienten oder ganz gleich in welcher Art von Beziehung, ist das Wachsein. Der Buddha sagte nicht nur, dass dieses Wachsein Lebensplan sei; er sagte: „Ich bin wach." In dieser Aussage liegt gewaltige Kraft.

Daher ist in der Konfiguration Lehrer/Studenten die Aufgabe des Lehrers, dem gegenüber wach zu sein, was gegenwärtig da ist. Wenn die Arbeit nicht auf einem Datenbestand gründet, und unsere tut es nicht, dann kann das schon alles sein, was erforderlich ist. Die Arbeit wird die Arbeit tun. Niemand tut jemandem etwas.

Das Lehren geht in diesem Modell um Beziehung und um das, was gerade jetzt in der Präsenz aus der Beziehung entsteht. Diese Enthüllung ist notwendigerweise, und für den Intellekt ungemütlicherweise, in ständigem Wandel. Es gibt einen kontinuierlichen Machtkampf in mir zwischen dem Ausdruck und der Erfahrung dessen, was aufkommt, und dem Dogma darüber, was aufkommen oder gesagt oder gefühlt werden sollte.

Ich ringe darum, die Klippe hinunterzuspringen/zu fallen, ins Unwissen und Vertrauen darauf, was entsteht, wenn Stille ist. Dies wird das sein, was ich *Intelligenz* nenne und was möglicherweise wenig mit dem Intellekt zu tun hat.

Wenn ich dem vertrauen kann, wird es wahr sein und wird funktionieren. Dies erfahre ich. Wenn ich mir einrede, dass ich vertraue, ist das etwas ganz anderes, und es wird nicht wahr sein und vielleicht nicht funktionieren, oder zumindest wird die Arbeit sehr einseitig und symptomatisch sein.

Ich finde das manchmal sehr schwer und ich weiß, welche Ebene dessen, was ich „mich" nenne, das schwer findet.

Üben, Üben, Üben. Das ist alles, was es gibt.

Daher ist in der Beziehung zwischen Behandler und Klient, Lehrerin und Studentin die immer weiter werdende Aufmerksamkeit, die sich entfaltet, keine Aufmerksamkeit für Fakten zur Analyse, sondern eine Verkörperung dessen, was da ist, die sich in progressiven, obschon nicht notwendigerweise gleichmäßigen Schritten bis zu einer Seinsebene vertieft, die ohne Traumata ist. Ich halte dies für empirisch wahr. Und ich bin völlig unfähig, was geschehen ist, zu klassifizieren oder zu erklären. Wenn ich es könnte, hätte ich das Erwachen objektiviert und eingeschränkt. Eine Objektivierung muss gewiss eine Einschränkung bedeuten. Aber die Arbeit ist kein Objekt, ebenso wenig wie Student/Klient; es gibt nur ein Geschehen, eine Enthüllung, Bewegung, Wandel, das Wesen aller Dinge ohne Trennung zwischen der Erfahrung und dem Erfahrenden.

Der Anfang und das Ende sind nicht voneinander getrennt, sie sind beide genau hier.

Das ist Achtsamkeit.

Das ist meine Methode. Ich hoffe, sie hat ein wenig Weisheit. Sie gehört Ihnen.

19

Sollte ich lehren?

Oft fragen mich die Leute, ob ich glaube, dass sie bereit oder reif seien, diese Arbeit zu lehren, daher hier einige Reflexionen, die weitgehend aus meiner eigenen Erfahrung stammen.

Räumen wir zuerst einmal die Sache mit den „Ebenen" aus dem Weg. Es scheint, dass jedes Mal, wenn ich etwas zu erklären versuche, ich hinzufügen muss: „Es hängt natürlich von der Ebene ab, über die wir gerade reden." Wahrscheinlich ist es aber doch nötig. Wenn wir über die effektivste und schmerzfreiste Art reden, wie man einen ausgerenkten kleinen Finger wieder einrenkt, dann haben wir die Techniken entweder gelernt und praktiziert, oder wir haben es nicht.

Wenn die Arbeit, über die wir sprechen, jedoch spiritueller Natur ist und daher meiner Meinung nach nicht einem objektiven Paradigma des Intellekts unterworfen, dann ist die Ebene und Annäherungsweise etwas anders.

In gewisser Hinsicht lässt sich spirituelle Arbeit nicht lehren, als ob sie ein Objekt wäre. Was getan werden kann, davon bin ich überzeugt, ist, dass der sogenannte Lehrer dafür sorgt, einen sicheren Ort zu schaffen und aufrecht zu halten, in welchem die Reise ins Licht unternommen werden kann. Das ist alles, was der Lehrer tun kann, da die Reise nicht nur die des „Klienten/Studenten" ist, sondern es um die ungepanzerte Preisgabe des Getrenntseins beider/aller Parteien geht.

Es ist möglich, dass das willentliche Ablegen der Panzerung durch den Lehrer die schwerste Aufgabe ist, die irgendjemand von uns auf sich nimmt. Es ist eine Herkulesarbeit, die Reise eines Perseus.

Gerade dann, wenn man denkt, man habe etwas gelernt, vielleicht ein Talent erworben, heißt es loszulassen.

Wer findet das schwer? Das getrennte Selbst, das rollenverhaftete Ego, alles, wovon wir denken, dass wir das seien. Da liegt das Problem.

Ich erinnere mich gut an meinen ersten Versuch, zu lehren. Ich versammelte (überredete/bestach?) ein paar Klienten, die ich mir gegenüber für wohlgesonnen hielt. Ich lud einen Kollegen ein, mir zu assistieren, falls ich einen Resonanzboden brauchte. Ich las und las alles Material, das ich zusammentragen konnte. Ich umgab mich mit 20 oder 30 Büchern, alle mit gelben Merkzetteln bespickt, die gelehrte Referenzen markierten, die ich benutzen könnte, um meine Argumente auszuweiten.

Der festgesetzte Termin kam und wir setzen uns alle und meditierten vierzig Minuten lang. Die Glocke schlug zum Ende der Meditation und ich öffnete meine Augen, schaute in der Klasse in die Runde … und bekam eine Panikattacke. Voll ausgeprägt und gnadenlos. Nur zwei Dinge hielten mich davon ab, aus dem Raum zu rennen: die Befürchtung, was die Leute sagen oder denken würden (sehen wir, wie stark das Ego ist), und der Stapel Bücher!

Ist wohl vertretbar, zu sagen, dass dies das gewaltigste Lernen war, dass ich je erfuhr. Ich musste da sitzen und mit der Panikattacke sein. Ich hatte keine Wahl. Etwa vierzig Jahre später, jetzt in meinen Achtzigern, weiß ich immer noch nicht, was ich als Nächstes sagen werde, bis es auftaucht, aber es macht mir nichts. Ich vertraue einfach, sonst nichts, und all diese achtzig Jahre an Kompost werden entweder eine Blume oder ein Unkraut hervorbringen; es spielt keine Rolle.

All dies bin ich. Ihr Fall ist etwas anders gelagert. Sie haben bereits eine beachtliche Menge Arbeit auf Ihrer eigenen Reise zur Freiheit vollbracht.

Der Wunsch zu lehren wallt hoch wie Wasser in einem Springbrunnen und will ausfließen. Das Bewusstsein weitet sich und das Lehren ist zur neuesten Form geworden, die die Reise des Geistes annimmt.

Sie müssen wahrscheinlich nur aufwachen – Sie lehren eigentlich die ganze Zeit. Schauen Sie sich um in Ihren Beziehungen. Welchen Platz nehmen Sie in Ihrer Gemeinschaft ein? Wie bewusst sind Sie sich der Vorgänge um Sie herum im Vergleich dazu, wie Sie früher waren? Kommen Leute mit Fragen zu Ihnen (und dringen natürlich darauf, Ihnen die Antworten zu liefern)?

Ja, ich vermute, Sie lehren schon, würden das aber gern ein wenig formalisieren. Dann seien Sie sich nur klar darüber. Nehmen Sie das an Bord. Verdauen Sie, dass es das ist, was Sie *wollen*. Großartig, es ist ein rechtmäßiger Lebensunterhalt. Diese Aktion der Klarheit wird ihre eigene Wirkung haben. Sie werden dies Energiefeld des „Ich will lehren" um sich herum energetisiert haben und es wird kommen. Ich weiß nicht, welche Form es annehmen wird und ich vermute nun, vierzig Jahre später, im Rückblick, dass es Ihnen gute Dienste tun wird, wenn Sie die Form nicht zu sehr konstruieren und eingrenzen. Was ich heute tue – die Arbeit, die ich als einen Ausdruck des Seins sehe, weniger etwas, das ich tue –, hat wenig Ähnlichkeit mit der Arbeit, von der ich dachte, sie mir vorgenommen zu haben. Aber auch das ist eine Entfaltung.

Sie haben nichts zu verlieren außer der Angst, und die werden Sie nie vollständig loswerden, also können Sie ebenso gut mit ihr arbeiten.

Geben Sie auf, Erfolge zu erwarten, und staunen Sie, was passiert. Springen Sie von der Klippe, die Vertrauen heißt, und Sie könnten fliegen. Wenn nicht, versuchen Sie es ein nächstes Mal und vertrauen Sie dann wirklich, aber machen Sie aus dem Vertrauen bloß kein Konzept!

Wenn Behandler von dem, was man spirituelle Arbeit nennen könnte, angezogen werden, begeben sie sich manchmal in die falsche Vorstellung, dass sie für ihre Arbeit irgendwie kein Geld verlangen sollten. Ich biete ihnen Folgendes an: Wir wählten, in die menschliche Form geboren zu werden, zu einer Zeit und an einem Ort, wo es eine vollkommen gültige Definition darüber gibt, was ein rechtmäßiger Lebensunterhalt ist. Diese Definition beinhaltet seit mehreren Hundert Jahren die Idee, dass Geld ein Tauschmittel ist. Das ist alles. Es hat keinen Eigenwert, es ist ein Tauschmittel, und wenn wir unter den zeitgemäßen Bedingungen nicht wertvoll machen, was wir anbieten, ist das eine Herabwürdigung. Es ist eines vieler Beispiele, die wir finden können, für „idiotisches Mitgefühl". Leute abzocken ist Leute abzocken. Einen fairen Lohn zu verlangen ist gerecht. Die Armen und Bedürftigen zu unterstützen, wo es angebracht ist, ist auch gerecht.

Wenn wir das Leben als Mönch führen und uns des Erbarmens und der Wohltätigkeit anderer für unsere Unterstützung ausliefern, und ihnen Heilung oder Weisheit als Gegenleistung geben, ist das ein fairer Tausch. Genauso ist es, wenn wir Bargeld als Mittel dafür benutzen. Bitte urteilen Sie nicht darüber, welches besser ist. Etwas Ähnliches ergibt sich, wenn es Leute zum Lehren hinzieht. „Bin ich bereit dazu? Weiß ich genug? Werde ich ertappt werden?" Alle diese tauchen auf.

Solche Fragen sind gültig, wenn wir Arithmetik oder Automechanik lehren wollen. Wenn es uns zu etwas hinzieht, das ein bisschen anders ist, ist die einzige Frage: „Bin ich bereit, das loszulassen, was mich von den Studierenden getrennt hält? Bin ich bereit, einfach zu sein, was ich bin? Kann ich mit anderen teilen?" Einfach so, wie es ist, ohne jedes Beurteilen, ob gut genug oder nicht gut genug. Festhalten am „nicht gut genug sein" ist ungeheuer stark. Es hat keine Substanz, es ist eine Identifikation, und dessen bewusst zu sein, öffnet die Möglichkeit zur Veränderung – der Veränderung, die im Herzen aller Phänomene liegt.

Wenn ich das mit anderen teilen kann, wird die Integrität darin den Studierenden erlauben, ihre eigene Integrität im gemeinsamen Praktizieren zu realisieren (real, wirklich oder konkret machen; Wirklichkeit oder Substanz hineingeben), auf allen Ebenen, Geist, Verstand und Körper.

Notizen zum Lehren: Kann ich? Sollte ich?

Lieber Mike,
ich überlege, ob ich mit dem Lehren anfange, eines Tages in der Zukunft, obwohl mein eigener Lehrer des „Die Lehre, nicht der Lehrer" hier ist. Dieser Tag wird langsam, aber sicher kommen.

All meine Lebenserfahrung, meine buddhistischen Praktiken, mein täglicher Umgang mit Menschen kommen auf natürliche Weise in der Art des Lehrens zusammen, ähnlich dem deinen. Basierend auf Leere, Schweigen.

Ich fragte mich, ob du in gewisser Weise die Teilnehmer an deinen Kursen auswählst. Es gibt viele Nuancen, die, wenn man sich nicht um sie kümmert, Probleme in der Entfaltung der Workshops bereiten können. Abhängig von dem Wesen und den Bedürfnissen der Teilnehmer. Kannst du mir dazu etwas mitteilen?

Danke. Auf bald.

Matias.

Lieber Matias,
ich hoffe, dass du es bald tun wirst.

Dzogchen (eine buddhistische Form, an der wir beide ein Interesse haben und die wir praktizieren) bezieht sich nur auf das, was ist. Wenn Turbulenzen da sind, dann ist das, was da ist. Ich habe überhaupt keine Garantien, wie die Leute sich verhalten werden. Manchmal ist eine Person dabei, die Schwierigkeiten damit hat, zu sein, wer sie ist, und ich muss dann einfach damit arbeiten. Gewöhnlich entpuppt sich das als Segen, aber es ist nicht so leicht sofort einzusehen.

Ich bin nackt. Der Weg des Kriegers besteht darin, die Rüstung abzulegen, nicht noch mehr darüber zu tun. Vertraue der Tide!

Wenn ich Personen irgendwie auswählen würde, würde ich mich nur damit befassen, was ich **will,** was leicht für mich ist. So befasse ich mich mit dem, was wir **alle brauchen.**

Wir können bald mehr besprechen.

Alles Liebe,

Mike.

Lieber Mike

Ich liebe es!

Es ist sehr wirklich

und wie ich es jetzt fühle und sehe,

der einzig gangbare Weg für mich.

Natürlich!

Danke.

Ich habe deine Meisterschaft bewundert, dass du nackt sein kannst angesichts der Ausbrüche verschiedenster Menschen.

Ich muss daran in mir arbeiten.

Was bedeutet,

Mund halten.

Öffnen, weiter offen werden.

Matias.

Ich zeigte Jo, als einer aus meinem Beraterteam, diese Korrespondenz. Sie antwortete:

Lieber Mike,

danke fürs Mitteilen, und ich freue mich darauf, Matias kennenzulernen.

Ich glaube, du unterschätzt das Geschick und Talent, das du im Umgang mit Konflikt und Unruhe in der Dynamik mit

Einzelnen oder Gruppen hast. Im Laufe der Jahre und in vielen Kursen mit dir habe ich den Mut gesehen, mit dem du eben nicht an diesen ungemütlichen Stellen vorbeilavierst, wenn sie häufig ganz unerwartet und mit voller Wucht auftauchen. Für jeden kann es eine enorme Lernkurve sein, aber nur, wenn es in Weiträumigkeit und Offenheit gehalten bleibt.

Das braucht eine Menge schwer verdienter Erfahrung und Bereitwilligkeit zum Nacktsein und trotzdem fähig, in den Raum hinein zu antworten. Das Urteilen wegzulassen ist manchmal verflixt harte Arbeit!

Alles Liebe

Jo x

Ich war dankbar, wie so oft, dass ich mit solchen Menschen arbeiten kann.

20

Öffnen oder Schließen

Die größte Herausforderung, vor der spirituelle Sucher stehen, ist die Frage, wie wir unsere Leben zu einer Verkörperung von Weisheit und Mitgefühl machen können. Die Wahrheiten, die uns zu verstehen gegeben wurden, müssen ihren sichtbaren Ausdruck in unserem Leben finden. Jeder unserer Gedanken, Worte, Taten enthält die Möglichkeit, ein lebendiger Ausdruck an Klarheit und Liebe zu sein. Es ist nicht genug, Weisheit zu besitzen. Wenn wir glauben, Hüter der Wahrheit zu sein, wird das zu seinem Gegenteil, ist das der direkte Weg, schal, selbstgerecht oder rigide zu werden. Ideen und Erinnerungen enthalten keine befreiende oder heilende Kraft.

Einen Zustand wie einen erleuchteten Ruhestand, wo wir aus dem Überfluss vergangener Errungenschaften schöpfen können, gibt es nicht. Weisheit ist nur solange lebendig, wie sie gelebt wird, Verstehen befreit nur so lange, wie es angewendet wird. Ein pralles Portfolio an spirituellen Erfahrungen zählt wenig, wenn es nicht die Kraft hat, uns durch die unvermeidlichen Momente des Kummers, Verlusts und Wandels zu tragen. Wissen und Leistungen zählen wenig, wenn wir noch nicht wissen, wie wir ein anderes Herz berühren oder selbst berührt werden können.

CHRISTINA FELDMANN UND JACK KORNFIELD,
Geschichten des Herzens, ARBOR VERLAG, 1991

Die Jahre kommen und gehen und die Erinnerungen werden länger und die Gruppe derer, die von Zeit zu Zeit zusammenkommen, um miteinander zu arbeiten, wird größer.

Ich zweifle nicht, dass Mitglieder dieser Gruppen, die im Nichtwissen mit den durch den Körper aufsteigenden Enthüllungen arbeiten, von Zeit zu Zeit eine Art des Erwachens erfahren.

Wörter wie tiefster Friede und Glückseligkeit werden oft benutzt, und es gibt eine Empfindung, die für alle anderen im Raum sichtbar ist, dass sich etwas grundlegend verändert hat. In den Augen ist es am deutlichsten zu sehen, aber untermalt durch weitere subtile Änderungen in der Haltung, Stimme und einem Ausdruck der Ehrfurcht. Ich glaube, jeder hat bis zu einem gewissen Grade an den Segnungen derart ausgeweiteter Präsenz teil. Es ist die Geschichte einer Person, aber die Auswirkung betrifft die ganze Gruppe.

> *Etwas in mir hat den Ort erreicht,*
> *an dem die ganze Welt atmend in mir ist.*
> *Die Flaggen, die wir nicht sehen können,*
> *wehen über dem Gipfel des Berges.*
> *Kabir sagt: Mein Begierdenkörper liegt im Sterben und*
> *meine Herzensbegierde wird geboren.*
>
> KABIR

Die Arbeit tut die Arbeit: Das ist offensichtlich. Es kann nicht gesagt werden, dass irgendjemand *an* irgendjemandem etwas tut; die Schöpfung geschieht ganz einfach und wir sind ihre Zeugen.

Manchmal versucht die Person mit der Gruppe die Erfahrung dessen zu teilen, was geschehen ist. Selten sind die Worte aus der Sicht des Sprechers angemessen, die Erfahrung zu vermitteln. Wendungen wie „Ketten um das Herz, die gesprengt werden" sind manchmal zu hören, doch oft ist die Wiedergeburt eine zu kraftgeladene und sanfte Erfahrung, als das es passende Worte gäbe, sie zu beschreiben, und uns wird eine fühlbare Empfindung anstatt des Konzeptes zuteil.

Dies ist das euphorische Stadium, aber es ist auch das Stadium, an dem wir verzweifelt hängen – es ist eine sehr verführerische Identifizierung, und ich vergleiche es mit der nassen Seife in der Dusche: Je fester wir sie halten wollen, umso mehr entgleitet sie uns.

Wir kehren nach Hause zurück, in die *Wirklichkeit*, die andere Wirklichkeit, die wir kennen und gewohnt sind, außerhalb der Sicherheit und Unterstützung des Retreatzentrums, und uns begegnen und verführen die alten reaktiven Egomuster, die so leicht wieder anspringen. Die Geschichte ist vertraut und in ihrer Vertrautheit irgendwie behaglich, sogar mit ihrem Unbehagen.

Oft schreiben mir die Leute darüber, wie sie über das verwirrt sind, was sie von dem Retreat mitnahmen. Was ist tatsächlich passiert, oder ist überhaupt etwas passiert, oder war es nur ein Traum, eine Art Halluzination, die durch die Intensität des Gruppenprozesses hervorgebracht wurde?

Jack Kornfield fasst diese Enttäuschung so gelungen in dem Titel seines ausgezeichneten Buches zusammen: *After the Ecstasy the Laundry (Nach der Erleuchtung Wäsche waschen)*. Wäsche waschen, Geschirrspülen, Hypotheken, Beziehungen (vielleicht besonders Beziehungen) Aktienbörse, Kriege, wir brauchen neue Schuhe, das Wetter – all diese Dinge, mit denen wir uns immer noch befassen müssen. Nichts hat sich geändert!

„Ich brauche eine neue Lehrerin. Die Art, wie sie Charles vorzog, gefiel mir sowieso nie, und ich bekam nie eine Chance." Vielleicht ist dies eine ziemlich kindische Analogie, die auf mich nicht zutrifft, nicht zutreffen könnte … es klingt wie ein Neunjähriger! Doch, es trifft auf mich zu, und es klingt wie ein Neunjähriger!

Und dennoch, und dennoch hat sich etwas verändert. Einen Moment lang, als wir dort waren, wurden wir im Kern unseres Seins berührt, nicht nur unseres Seins, sondern des *Seins*, der Quelle der Weisheit an sich. Zumindest ein leiser Anflug dessen, was immer verfügbar sein wird, das darauf wartet, wieder besucht, wieder entdeckt zu werden, dort im Herzen, wo es immer lag.

Die Bewusstheit darüber, was ausgeweitet wurde, nicht als Konzept oder intellektueller Prozess, sondern als eine im Körper gespürte Empfindung, und dieser Körper ist da, solange wir leben.

Wenn das erste Nach-Hause-Kommen zum wirklichen Sein – im Gegensatz zur entkräfteten Reaktivität – im Körper stattfindet, dann muss der Rückweg zu seiner Wiederentdeckung auch so sein.

Dieser Weg ist das Praktizieren. Mit Praktizieren meine ich weder endlose Stunden im vollen Lotossitz zu verbringen noch 100.000 Mantras zu rezitieren und zu wiederholen, auch nicht Kerzen anzünden und den Kopf kahl scheren, obwohl all diese Dinge in bestimmten Kontexten ihren Wert haben, besonders dann, wenn sie nicht als Selbstzweck angesehen werden.

Das Praktizieren, das ich meine, ist das Gegenwärtigsein, immer wieder neu für solange wie nötig, wach für die absolut ungeschminkte Nacktheit dessen, was vor sich geht, ob gut oder schlecht, und dann beides, das Gute und das Schlechte gehen lassen. Das heißt, das Urteilen preiszugeben.

Das bedeutet, mitfühlend zu sein, in voller Aufmerksamkeit ohne Urteilen. Das ist, was wir brauchen, und es ist die Übung zur Verbindung mit der *Weisheit*, die schon da und die ganze Zeit zugänglich ist.

Es war leichter in der Gruppe an dem Ort, wo wir zuerst den Mut fanden, uns auf den Weg des Kriegers zu begeben und die Panzerrüstung abzulegen. Es ist leichter, mitfühlend und helfend anderen gegenüber zu sein als zu uns selbst, nicht wahr?

Auf uns selbst gestellt oder möglicherweise mit anderen, die etwas anderes brauchen, ist es nicht leicht, all den verborgenen Abfall an die Oberfläche kommen zu lassen und zu akzeptieren, dass einfach ist, was ist. Die Geschichte eines Lebens. Einfach so, sonst nichts. Gut möglich, falls einiges von da, wo wir es so eifrig vergraben hatten, an die Oberfläche kommt, dass wir uns dafür mit Prügeln strafen und der Kette, die wir mit uns herumschleppen, ein weiteres Glied hinzufügen.

Das ist nicht nützlich. Was auftaucht, ist meine Lebensgeschichte, nichts mehr, nichts weniger. Sie ist da. Die einzige Wahl, die ich habe, nachdem ich gesehen habe, was es ist, ist die Entscheidung, was ich damit nun mache. Ich kann versuchen, es wieder zu vergraben wie einen bösartigen Tumor und im Unsichtbaren weiterwirken lassen, oder ich kann es kompostieren. Es genau jetzt zum Ausgangspunkt machen, im ewig Gegenwärtigen, nicht in einem Dann, das mich verkrüppelt. Aus dem Kompost kann alles Mögliche wachsen.

Die Gegenwart ist die Rasierklinge, von der wir den Honig lecken, die ganze Zeit über wachsam, damit wir uns nicht an der Kante schneiden, die Selbstgefälligkeit und Hybris heißt.

Es gibt nur das Praktizieren; das Ziel ist unbekannt, sonst wäre es eine Begrenzung. Es wird gesagt, dass kein Lehrer frei ist von der Möglichkeit des Leidens oder Māra. Māra lauert und erwischt uns von Zeit zu Zeit, und dessen gewahr zu sein, gehört auch zum Praktizieren. Sogar die Erleuchtung hat ihr Gegenteil; nur der Wandel ist gewiss. Wir kehren immer wieder zu dem Gewahrsein zurück und werden zu einem relativ stillen Punkt in einem unendlichen Spektrum des Wandels.

Was wir in der Gruppe schmeckten, war der Honig. Wir können fortfahren, Honig zu sammeln, bis der Topf voll ist, und wenn er voll ist, müssen wir ihn abgeben, damit andere den Geschmack haben können. Honig ist klebrig und es ist leicht, dran hängen zu bleiben. Um den Honig zu bekommen, müssen wir die Getrenntheit opfern, die wir konstruiert haben und „mich" nennen, und zu der Synergie werden, die wir während der Zeit erfuhren, die jetzt lange vorbei scheint.

Mir gefällt die Idee, dass wir bewusst tun sollten, was die Bienen durch Programmierung tun, das heißt, ihrer Umgebung zugutekommen und sich gleichzeitig um einander zu kümmern.

In unserem Fall ist der Ort für unser Praktizieren die Weisheit, die Intelligenz – nicht zu verwechseln mit dem Intellekt, der persönlich ist – des Körpers.

Trungpa Rinpoche sagte: „Es gibt keine Teilung zwischen der Spiritualität des Geistigen und der Spiritualität des Körpers; sie sind beide ein und dasselbe." Er kommentierte weiter, dass die Definition des *Samsāra* ein Geist ist, der sich vom Körper verabschiedet hat. Die Definition einer erwachten Person ist, wenn es keine Trennung zwischen dem Geistigen und dem Körper gibt. Den Körper zu kennen ist das Gewahrsein zu kennen. Das Gewahrsein in seinem reinen Zustand zu kennen, ist den erwachten Zustand zu kennen.

Der Körper ist gegenwärtig. Wir können uns nicht von ihm wegbewegen; wir können nicht einmal von ihm wegfliegen; er ist immer genau da, wo wir sind, und *wir wissen das*, irgendwo, irgendwie, auf einer bestimmten Ebene, oder nicht?

Das ist da, wo wir den Honig schmecken.

Gehe nicht aus dem Haus, um die Blumen anzuschauen –
Mein Freund, mach dir nicht die Umstände zu jenem Ausflug.
In deinem eigenen Körper gibt es Blumen ...
Eine davon hat tausend Blütenblätter!
Reicht das nicht für einen Platz zum Setzen?
Wenn du dort sitzt, wirst du einen Blick der Wirklichkeit
   erhaschen –
innerhalb des Körpers und außerhalb, ein Garten in einem Garten.

KABIR

Die Erfahrungen, die ich als Erwachen oder Satori oder Kensho bezeichnet habe – sie kommen in unterschiedlichen Intensitäten – und der Weg zur Erfahrung des nächsten und vielleicht größten liegt im Loslassen der vorhergegangenen (Erfahrung). An irgendeiner Art Erfahrung festzuhalten, könnte man sagen, bedeutet, genau da zu stagnieren. Das Festhalten, sogar am Konzept der Erleuchtung, macht sie zu einem weiteren Glied in der Kette der Entmachtung, und wie kann das Freiheit sein?

Wir nennen diese Öffnungen gern Türen. Es gibt viele Türen und eine offene Tür mag irgendwohin führen, manchmal scheinbar zurück zum Ausgangspunkt. Und doch kann es nicht mehr derselbe Ort sein. Die Wahrnehmung hat sich durch das Reisen auf dem Weg verändert. Reisen müssen wir, Veränderung wird stattfinden, oder aber der Wind der Gewohnheit wird die Tür wieder zuschlagen. Dieses Reisen ist das, was wir Praktizieren nennen.

Wir vertrauen einfach, wo der Weg auch hinführen mag, wir können es nicht im Voraus wissen, ohne den Zielort einzuschränken. Dies Vertrauen nennen wir den „Segen der Unsicherheit".

Die Richtung des Weges führt nach innen zum Herzen und das nennen wir die „Verkörperung des Geistes".

Der Lehrer reist den Weg gemeinsam mit uns und das ist das Praktizieren im Miteinander. Wenn von Zeit zu Zeit der Lehrer ganz präsent ist, hören wir alle die Lehre, nicht den Lehrer, und das symbolisieren wir durch den „leeren Stuhl". „Die leere Schale" sagt alles.

Eine leere Schale

Ich habe eine Schale aus Metall.
Sie wurde von dem Letzten in der Linie solcher Schalenmacher
*   gefertigt.*
Sie ist leer, obwohl der Ozean darin ist.
Wenn ich sie anschlage, klingt sie und das ist nützlich.
Ich kann Blumen hineinlegen, das ist schön und das ist nützlich,
*   klingt aber nicht.*
Mein Enkel könnte und würde wahrscheinlich auch reinpinkeln
*   und das wäre nützlich, würde aber nicht klingen.*
Wenn ich mich ihr aus der Stille nähere und mich in
*   gemeinsamem Praktizieren mit ihr vereine, singt sie*
*   wunderschön*
und der Klang geht rund ums Universum
und das ist sehr nützlich
und die Schale ist leer.

Ich habe einen Verstand.
Er wurde in der Ewigkeit gefertigt.
Wenn Gedanken darin sind, ist das nützlich.
Wenn Wunden darin sind und Kanten des Widerstands, ist das
nützlich.
Und manchmal ist er voller Rosen und manchmal voller Pisse
und ich kann damit arbeiten und das ist nützlich.
Aber wenn er leer ist und ich mich einer Person in Stille nähern
kann,
gibt es Raum für die ganze Geschichte und sie erinnert sich, wer
sie wirklich ist, und das Universum erinnert sich, was es ist,
und das ist wirklich nützlich.
Und der Verstand ist leer.

MIKE BOXHALL

Die Blumen blühen. Die Blumen welken. Die Samen fallen. Das
Ende ist der Anfang.

Lasst uns das Heute begrüßen.

Über den Autor

Du bist alt, Vater William, sagte der junge Mann,
und dein Haar ist ganz weiß geworden,
und doch stehst du die ganze Zeit auf dem Kopf.
Glaubst du, das ist richtig so, in deinem Alter?

LEWIS CARROLL,
Alice im Wunderland (1865)

Nun ja, das trifft es ganz gut!

Kürzlich bei einem Kurs in North Carolina, nahmen mich die Studenten wegen einer Biografie in die Mangel. An die Achtzig habe ich das meiste vergessen, aber die Fragen von meiner Frau, die tapfer an dem Kurs teilnahm, und meistens mit „Ja, aber, wie war das, als ..." holten einiges aus mir hervor. Wenigstens die Schnipsel, an die ich mich zu erinnern bereit war.

Ich bin mit Barbara verheiratet, und das ist, in echter britischer Untertreibung, eine gute Sache! Ich war vorher schon verheiratet und jedes solche Unternehmen schien zu seiner Zeit eine gute Sache. Diese aber wird besser. Die anderen wurden schlimmer. Sei Optimist, wenn du nicht sicher bist; küsse ein paar Frösche!

Wir haben vier Kinder, drei von meiner und eins von ihrer Seite. Beim letzten Mal zählte ich elf Enkelkinder, einschließlich Großneffen und Großnichten.

Wir leben in einem kleinen Cottage im Süden Englands und haben einen herrlichen Garten, unser beider Leidenschaft. Ich baue biologisches Gemüse an und sie züchtet Blumen.

In meiner beruflichen Laufbahn scheint es von den Aufzeichnungen her, dass ich Büroangestellter (bei meinem Vater) war, Kautschukpflanzer in Malaysia, Soldat im Dschungel, Geschäftsführer eines internationalen Filmverleihs (hohes Spesenkonto), Dealer in Bruce-Lee-Filmen, Leiter eines Bioladens, Berater, Psychotherapeut, Akupunkteur, Craniosacraltherapeut … und was die Zukunft noch bringen mag.

Ich war vierzig Jahre lang Therapeut.

Ich war vierzig Jahre lang Buddhist.

Alles obige und weitere Fakten, mit denen ich Sie nicht behelligen will, wird „Kompost" genannt. Ach ja, ich war auch Sportler, aber das ist wirklich lange her. Jetzt fühle ich mich sehr sterblich.

Es kommt alles in dem zusammen, was ich zu lehren versuche, und das ist in der Bedeutung der Worte des Buddha, dass die Erleuchtung im Körper stattfindet. Genau hier und genau jetzt.

Dies begann als spürbare Empfindung aufzutauchen, als ich bei Franklyn Sills in Craniosacraltherapie ausgebildet wurde, zu Beginn seiner Lehrzeit, bevor das Karuna-Institut entstand. Ich schätzte seinen Unterricht sehr – und tue es noch. Er hat mich dazu gebracht, meinen eigenen Stil zu entwickeln, so wie er seinen aus seiner vorhergehenden Arbeit. Ich wünschte, jeder würde seine eigene Geschichte lehren, anstatt die von jemand anderem wiederaufzubereiten, mit dem dabei unvermeidlichen Verlust an Integrität.

Ich hoffe, dass dies Buch gezeigt hat, wie die Essenz dessen, worum es in der Arbeit geht, so wie ich es heute sehe, die Hingabe ist. Wir könnten sagen, dass das, was erforderlich ist, die Hingabe des Intellekts an die Intelligenz ist. Es ist ein guter Tausch: neue

Lampen für alte, oder in diesem Fall die beschränkten Konstrukte des Persönlichen gegen das unendliche Potenzial der Gemeinschaftlichkeit.

Das ist der Weg. Das ist die Straße, auf der wir hoffentlich alle weiter praktizieren. Praktizieren ist wichtig. Das persönliche, getrennte Selbst gibt den Kampf nicht so leicht auf, es will der Platzhirsch bleiben, sogar der einzige Hirsch weit und breit. Gemeinsames Praktizieren, die Einheit, ist kein natürliches Spielfeld für das Ego.

Weiterer Hintergrund

Ich leite eine Reihe von Kursen mit einer Anzahl von Modulen, die allmählich herunterschalten, bis wir völlig in der Gegenwart aus der Stille des Unbekannten heraus arbeiten, das heißt aus dem, was noch nicht Gestalt angenommen hat, die Gestalt, die definiert und eingrenzt. Derzeit mache ich das regelmäßig in den USA, in England, Italien, Spanien und Irland.

Meine Familie, meine Arbeit, meine Studenten und Studentinnen, meine Umgebung liebe ich zutiefst, und ich tendiere zur Arbeitssucht. Ich habe Anweisungen von höherer Stelle, da kürzerzutreten. Das bedeutet langfristig weniger Flüge und weniger Langstreckenflüge, die mich erschöpfen, und ich werde mich darauf konzentrieren, da zu lehren, wo die Menschen zu mir kommen, oder ich gehe irgendwo in Europa an einen angenehmen Ort. Bevor die Tinte zu diesem letzten Satz getrocknet ist, werde ich vermutlich gebeten, doch etwas in Tokio zu machen!

In klinischer Hinsicht ging es für mich vom mäßigen Erfolg in der Behandlung von Unfruchtbarkeit bei Frauen zum Arbeiten mit Babys, was in einigen Kreisen umstritten ist, da ich auf deren Intelligenz vertraue und nicht auf meinen Intellekt. Ich lernte den Stoff, den ich Erwachsene lehre, von der Arbeit mit Babys, nicht andersherum.

Auf den Konferenzen der *Breath-of-Life*-Stiftung in England und den USA hielt ich Ansprachen als Hauptredner und im letzten Jahr in Spanien eine Grundsatzrede anlässlich der Zehnjahresfeier der Organisation. Ich bin Mitglied in verschiedenen Lehrfakultäten.

In den letzten paar Jahren hat sich die Lehre, aus dem Input der Studierenden heraus, weg von einer gutartig mechanischen hin zu einer vollständig auf Enthüllung basierenden entwickelt.

Es gibt, mit Ihrer Hilfe, noch viel zu erforschen auf dieser Suche nach Ausweitung des Bewusstseins – Bewusstsein nicht nur der Natur dessen, wer wir wirklich sind, sondern darüber hinaus, der Gesundheit, die die Grundlage jener Natur ist.

Lehrer

Unter denen, von denen ich so viel gelernt habe und weiter lerne, sind in chronologischer Reihenfolge:

Milarepa, Abtrünniger und später Heiliger

Carl Gustav Jung, Visionär

Joe Redfern, Psychoanalytiker und Ausbilder in Jungianischer Analyse

Professer Jack Worsley, der die Bedeutung von Präsenz und Intuition verstanden hat, Akupunkteur

Irina Tweedie, Sūfi, die lebte, wovon sie sprach, zu deren Füßen ich glücklich zweimal in der Woche zwei Stunden lang zwei Jahre lang saß

Chögyam Trungpa, Abtrünniger und Heiliger parallel, Dzogchen-Buddhist

Ian Gordon Brown, der mich mit der Wirklichkeit in Kontakt brachte, Lehrer für transpersonale Psychologie

Franklyn Sills, der mich mit den Ebenen im Körper im Kontakt brachte, Craniosacrallehrer

James Low, Psychotherapeut, buddhistischer Gelehrter, Supervisor und Freund

Meine Studenten

Meine Familie

Barbara

Ich bin alle von diesen und keiner von diesen. In Dankbarkeit stehe ich auf ihren Schultern.

Ich bin als Therapeut bekannt. Dieses Etikett erkenne ich an und es ist das, was ich tue. Es ist vielleicht nicht, wer ich bin, aber das ist eine andere Geschichte. Die Hälfte meiner achtzig Jahre war ich praktizierender Therapeut: Berater, Akupunkteur und nun seit vielen Jahren Craniosacraltherapeut. Seit den letzten fünfzehn Jahren ungefähr lehre ich. Im Verlaufe des Lehrens bin ich zu der Erkenntnis gekommen, dass, was auch immer wir tun, sei es Therapie oder nicht, was wirklich Aufmerksamkeit braucht, ist, von welchem Ort aus wir das tun, was wir tun. Ich gebe dem Vorrang vor Techniken in der Form dessen, was wir tun. Das ist gewiss nicht der intellektuelle oder wissenschaftliche Ansatz; er verlangt fortgesetztes Gewahrsein, in Stille, dem gegenüber, was sich gerade jetzt enthüllt, ohne Diagnose, Prognose oder Heilmittel.

Das mag anarchisch scheinen und es ist nicht leicht. Es ist ein Zustand des Nichtwissens, in dem es keine Antworten gibt, nur Enthüllung. Der endgültige Ausdruck der Enthüllung ist der Kern oder das Herz, wo es keine Pathologie gibt. Beschreibungen jeder Art müssen stets ein armseliger Ersatz für die Erfahrung bleiben, und die Erfahrung ist uns allen zugänglich.

Bibliografie

Es folgt eine Liste von Büchern, die einen Einfluss auf mich ausübten, nicht nur direkt auf das Schreiben dieses Buches, sondern auf mein Leben allgemein, aus dessen Erfahrungen dies Buch hervorging. Die Liste ist nicht erschöpfend, aber eine ausgewogene Wiedergabe meiner Arbeits- und Referenzbibliothek. In alphabetischer Reihenfolge der Autorennamen:

Adyashanti, *Emptiness Dancing*. Sounds True, Boulder 2004

Armstrong, Karen, *The Case for God*. Bodley Head, London 2007

Balsekar, Ramesh, *Advaita on Zen and Tao*. Yogi Impression Books Pvt. Ltd., Mumbai 2008

Balsekar, Ramesh, *Who cares?!* Zen Publications, Mumbai 1999

Barnhart, Bruno, *The Future of Wisdom*. Continuum International Publishing Group, New York 2007

Barrow, John D., *The Book of Nothing*. Vintage, London 2000

Bachelor, Stephen, *Buddhismus für Ungläubige*. Fischer Taschenbuch, Frankfurt/Main 2011

Bachelor, Stephen, *Verses from the Center*. Riverhead Books, New York 2000

Bachelor, Stephen, *Bekenntnisse eines ungläubigen Buddhisten*. Ludwig Verlag, München 2010

Boyce, Barry (Hrsg.), *In the Face of Fear*. Shambala, Boston 2009

Brazier, Caroline, *Buddhist Psychology*. Robinson, London 2013

Capra, Fritjof, *Das Tao der Physik*. O.W. Barth, Bern 1977

Capra, Fritjof, *Wendezeit*. Scherz Verlag, Bern 1985

Capra, Fritjof, *Lebensnetz*. Scherz Verlag, Bern 1996

Carroll, Lewis, *Alice im Wunderland*. Reclam, Stuttgart 1999

Carroll, Lewis, *Alice hinter den Spiegeln*. Reclam, Stuttgart 1999

Carse, David, *Brilliant Perfect Stillness*. Paragate Publishing, Shelburne 2006

Chang, Garma C.C., *The Hundred Thousand Songs of Milarepa*. Shambala, Boston 1989

Chopra, Deepak, *Die heilende Kraft*. Driediger Verlag 2011

Chopra, Deepak, *Wer Gott sucht, wird sich selbst finden*. Koha, Burgrain, 2012

Coelho, Paulo, *Der Alchimist*. Diogenes, Zürich 1996

Coelho, Paulo, *Handbuch des Kriegers des Lichts*. Diogenes, Zürich 2001

Damasio, Antonio R., *The Feeling of What Happens*. First Harvest, Orlando 2000

Das, Lama Surya, *Awakening the Buddha Within*. Bantam Books, New York 2007

Dowman, Keith, *Natural Perfection*. Wisdom, Boston 2010

Epstein, Mark M.D., *Gedanken ohne Denker – Wechselspiel Buddhismus Psychotherapie*. Windpferd, Oberstdorf 2011

Epstein, Mark M.D., *Going to Pieces Without Falling Apart*. Broadway Books, New York 1999

Epstein, Mark M.D., *Going on Being*. Wisdom Publications, Somerville 2001

Foster, Jeff, *Life Without a Centre*. Non-Duality Press, Salisbury 2006

Foster, Jeff, *Beyond Awakening*. Non-Duality Press, Salisbury 2007

Fromm, Erich, *Haben oder Sein*. 1976 (Neuausgabe: *Vom Haben zum Sein*. Ullstein, Berlin 2005)

Goleman, Daniel (mit dem Dalai Lama), *Destructive Emotions*. Blooms-bury, London 2003

Greene, Brian, *The Elegant Universe*. Vintage, London 2000

Greene, Brian. *The Fabric of the Cosmos*. Penguin, London 2000

Gribbin, John, *In Search of Schrödinger's Cat*. Wildwood House, Aldershot 1984

Gribbin, John, *Schrödinger's Kittens*. Phoenix, London 1996

Grigg, Ray, *The Tao of Being*. Wildwood House, Aldershot 1989

Hanh, Thich Nhât, *Innerer Friede. Äußerer Friede*. Droemer Knaur, München 2010

Hanh, Thich Nhât, *Das Herz von Buddhas Lehre*. Herder, Freiburg 1999

Hanh, Thich Nhât, *Buddha und Christus heute*. Goldmann, München 1999

Hanh, Thich Nhât, *Kein Werden, kein Vergehen*. Droemer Knaur, München 2012

Hawking, Stephen, *Eine kurze Geschichte der Zeit*. Rowohlt, Reinbeck 1991

Hawking, Stephen, *Die kürzeste Geschichte der Zeit*. Rowohlt Reinbek 2005

Hayman, Ronald, *Nietzsche*. Phoenix, London 1997

Heider, John, *The Tao of Leadership*. Wildwood House, Aldershot 1986

Hellinger, Bert, *Acknowledging What Is*. Zeig, Tucker & Co, Phoenix 1999

Hofstadter, Douglas, *I am a Strange Loop*. Basic Books, New York 2007

Kabat-Zinn, Jon, *Im Alltag Ruhe finden*. O.W. Barth, Bern 1995

Kenton, Leslie, *Passage to Power*. Vermillion, London 1996

Khema, Ayya, *Being Nobody, Going Nowhere*. Wisdom Publications, Boston 1987

Khyentse, Dzongsar Jamyang, *What Makes You Not a Buddhist*. Shambala, Boston 2007

Kohn, Azima Melita und Mafi, Maryam, *Rumi, Hidden Music*. Thorsons, London 2001

Kornfield, Jack, *Frag den Buddha – und geh den Weg des Herzens*. Kösel, München 1995

Kornfield, Jack, *Nach der Erleuchtung Wäsche waschen und Kartoffeln schälen*. Kösel, München 2001

Krishnamurti, Jddu und Bohm, David. *The Ending of Time*. Victor Golla 1985

Lao Tzu, *Tao Te Ching*. Arkana, London 1985

Wilhelm, Richard (Übers.), *Laotse. Tao Te King. Das Buch des Alten vom Sinn und Leben*. Marix, Wiesbaden, 2004

Laszlo, Ervin, *The Whispering Pond*. Element Books, Rockport 1996

Lovelock, James, *The Ages of Gaia*. Oxford University Press, 1989

Low, James, *Simply Being*. Vajra Press, London 1994

McGilchrist, Ian, *The Master and His Emissary*. Yale University Press, New Haven 2009

McTaggart, Lynne, *The Field*. Harper Collings, London 2001

Mello, Anthony de, *The Heart of the Enlightened*. Doubleday, New York 1989

Needleman, Jacob, *Lost Christianity*. Penguin, New York 2003

Needleman, Jacob, *The Wisdom of Love*. Morning Light Press, Sandpoint 2009

Needleman, Jacob, *What is GOD?* Penguin, New York 2009

Nepo, Mark, *Surviving Has Made Me Crazy*. Kavan Kerry Press, New Jersey 2007

Nepo, Mark, *Facing the Lion, Being the Lion*. Conari Press, San Francisco 2007

Nepo, Mark, *The Book of Awakening*. Conari Press, San Francisco 2011

Nichol, Lee (Hrsg.), *The Essential David Bohm*. Routledge, London 2003

Norbu, Namkhai, *Dzogchen, the Self-Perfected State*. The Penguin Group, London 1989

Packer, Toni, *The Light of Discovery*. Shambala, Boston 1995

Parsons, Tony, *The Open Secret*. The Connections, Cornwall 1995

Pierce, Brian J., *We Walk the Path Together*. Orbis Books, New York 2005

Rahula, Walpola, *Was der Buddha lehrt*. Origo, Bern 1986

Ridley, Mart, *Genome*. Fourth Estate, London 1999

Ringu, Tulku, *The Lazy Lama Looks at the Four Noble Truths*. Publications, Scotland 1999

Roy, Arundhati, *The God of Small Things*. Random House, New York 1997

Sartre, Jean-Paul, *Das Sein und das Nichts*. Rowohlt, Reinbek 1993 (*L'être et le néant*. 1943)

Sheldrake, Rupert. *A New Science of Life*. Flamingo, London 1995

Sheldrake, Rupert. *The Presence of the Past*. Park Street Press, Rochester 1995

Sills, Franklyn, *Craniosacral Biodynamics*. North Atlantic Books, Berkeley 2004

Smullyan, Raymond M., *The Tao is Silent*. Harper, San Francisco 1992

Sogyal Rinpche, *Das tibetische Buch vom Leben und Sterben*. Fischer Taschenbuch-Verlag, Frankfurt am Main 2004

Suchito, Ajahn, *The Path to the Deathless*. Amaravati Publications, Hemel Hempstead 1987

Suzuku, Shunryu, *Zen-Geist, Anfänger-Geist*. Theseus, Bielefeld 1975

Swimme, Brian, *The Hidden Heart of the Cosmos*. Orbis Books, New York 1996

Thurman, Robert A. F., *The Tibetan Book of the Dead*. Thorsons, London 1995

Tolle, Eckart, *Jetzt. Die Kraft der Gegenwart*. Kamphausen, Bielefeld 2000

Trungpa, Chogyam, *Cutting Through Spiritual Materialism*. Watkins, London 1978

Trungpa, Chogyam, *Crazy Wisdom*. Shambala, Boston 1991

Tweedie, Irina, *Der Weg durchs Feuer*. München 1988

Walsch, Neale Donald, *How to Know God*. Hodder and Stoughton, London 1995

Watts, Alan, *The Wisdom of Insecurity*. Rider, London 1992

Watts, Alan, *Tao, the Watercourse Way*. Arkana, London 1992

Wegela, Karel Kissel, *How to Be a Help Instead of a Nuisance*. Shambala, Boston 1996

Wilber, Ken (Hrsg.) *The Holographic Paradigm*. Shambala, Boston 1985

Zohar, Danah und Marshall, Ian, *Spiritual Intelligence, the Ultimate Intelligence*. Bloomsbury, London 2000

Zukav, Gary, *The Dancing Wu Li Masters*. Rider, London 1979

Danksagung

Viele Menschen waren mir eine große Hilfe, sowohl bei meiner allgemeinen Arbeit als auch erst recht bei meiner Lehrtätigkeit.

Ich betone immer, dass die Gruppen der Schülerinnen oder Studenten die eigentlichen Lehrerinnen und Lehrer sind, dennoch kann ich dies Buch nicht erscheinen lassen, ohne einige Personen besonders zu nennen:

Großbritannien. Verschiedene Leute haben mich zu verschiedenen Zeiten unterstützt; Henrietta Firth und Amanda Biggs bei sehr vielen Anlässen, und ich bin sehr dankbar dafür. Andere haben als Resonanzboden fungiert, an denen ich Konzepte austesten und Rückmeldungen erhalten konnte. Ich denke an meinen Mentor und Freund James Low und auch an David Mostyn. In dieser Hinsicht muss ich Andreas Bernsen erwähnen, der über 70 Kurse mit mir aushielt. Aus dieser Nähe entstanden einige aufschlussreiche Gespräche. Mij Ferret, John Wilks und Vivienne Moss waren auch für mich da. Jo Féat war mir über Jahre während vieler Kurse eine große Hilfe.

Vereinigte Staaten. Coease Scott und Wendy Bridgewater waren die ersten Sponsoren, die für mich einen Kurs in Vermont arrangierten. Dies führte zu einer wundervollen Reihe von Kursen in Santa Fé, die Clare Bonser gekonnt organisierte, mit Wiederholungen in North Carolina und Florida, wo ich von Pat Donohue und Sherry Phillips unterstützt, organisiert und allgemein als Freund behandelt wurde. Beiden von ihnen verdanke ich viel, ihre Freundschaft schätze ich sehr.

Spanien. Carles Company und Toni Jimenez waren die ersten, die mich nach Spanien lockten, und inzwischen bin ich froh über die Jahre in diesem Land und die Kurse, die ich mit ihrer begeisterten Unterstützung dort geben konnte. Das Übersetzen war sehr wichtig und Miguel Irribarren hat durchgängig großartige Arbeit geleistet. Er ist jetzt auch mein Verleger für Spanisch. Manu Marino und José Aragues organisieren jetzt regelmäßig Kurse und es ist eine Freude, mit ihnen zu arbeiten. Diana Martinez ist unermüdlich und in der Verantwortung, mich völlig neuen Zuhörerschaften vorzustellen. Alles in allem, und in so vieler Hinsicht, hat mich Carme Renalias unterstützt, Übersetzerin und sehr gute Freundin. Ich schätze ihr Sein.

Italien. Zuerst holte mich Ida Ferrari mit Inke Richter als Übersetzerin nach Italien, und wir hielten mehrere ausgezeichnete Kurse gemeinsam ab. In jüngerer Zeit wird die Planung von Hakusha, Brescia gesponsort, unter der Leitung von Silvio Mottarella und Laura di Lernia, wobei letztere als Dolmetscherin fungiert. Kürzlich gesellte sich ein neuer Stern zum Übersetzerteam, in Gestalt der Chiara Garioni, die auch mein Buch *Conversazione nella quiete* übersetzte (*Conversations in Stillness*).

Irland. Mein ständiger Mann in Dublin ist der namhafte Anwalt und Mediator Fergus Armstrong, der mich genau wie meine Aufpasser in den USA oft bei sich zu Hause bewirtete.

Es gibt weitere, viele weitere, einschließlich der zahlreichen Studierenden, die ihre Beiträge auf tausenderlei verschiedene Arten leisten. Dann sind da noch jene, die ich in einer gesonderten Liste als meine Lehrer erwähne, aber vor allem und in allem bin ich dankbar, mit Barbara verheiratet zu sein.

Literatur aus dem Arbor Verlag

Ezra Bayda

Der Zen-Weg zu einem authentischen Leben

Gelassenheit finden in unruhigen Zeiten

Kennen Sie das Gefühl, dass Ihre Bemühungen, ein Leben in Achtsamkeit und Mitgefühl zu führen, vom Leben selbst torpediert werden? Dies muss uns nicht beunruhigen, denn die Zumutungen des Lebens sind, wie Ezra Bayda in diesem Buch zeigt, gar keine Hindernisse auf dem Weg – sie sind der Weg! Wenn wir das verstehen, gewinnen wir die Freiheit, alle Umstände, in die uns das Leben stellt, als Möglichkeit zu nutzen, authentisch und integer zu leben.

Ezra Bayda lässt die Weisheit des Zen auf wunderbare Art und Weise lebendig werden, so dass sie als Praxis leicht in das Leben integriert werden kann – ganz gleich, ob Sie mit dem Buddhismus vertraut sind, oder nicht. Meditation ist dabei die Grundlage, aber noch längst nicht alles. Es geht darum, zu lernen, das tatsächliche Gegenwärtigsein, wie wir es in der Meditation einüben, in unseren oft so komplizierten Alltag mitzunehmen.

So können wir Authentizität und Integrität immer tiefer in unserem Leben verankern und unruhigen Zeiten mit Gelassenheit entgegensehen.

ISBN 978-3-86781-116-3

Christopher Germer

Der achtsame Weg zum Selbstmitgefühl

Wie man sich von destruktiven Gedanken und Gefühlen befreit

Das Leben ist hart, vieles kann enorm schieflaufen.
Oft schämen wir uns dann und werden selbstkritisch. Wir fragen uns: „Warum schaffe ich es nicht?" oder „Warum ich?". Vielleicht setzen wir auch alles daran, uns selbst wieder „in Ordnung zu bringen", und machen damit alles nur noch schlimmer. Doch wir können lernen, mit Kummer und Leid auf eine andere, gesündere Art und Weise umzugehen. Anstatt schwierigen Gefühlen mit erbittertem Widerstand zu begegnen, können wir unseren Schmerz anschauen, beobachten und mit Freundlichkeit und Verständnis darauf reagieren. Das ist Selbstmitgefühl: Wenn wir uns so mitfühlend um uns selbst kümmern, wie wir es bei einem geliebten Menschen tun würden.
Bereits ein Augenblick, in dem wir mitfühlend und liebevoll mit uns selbst umgehen, kann unseren Tag verändern, und viele solcher Momente können unserem Leben eine ganz neue Richtung geben. Die Befreiung aus der Falle destruktiver Gedanken und Gefühle durch Selbstmitgefühl kann unsere Selbstachtung von innen heraus stärken und sogar Depressionen und Ängste vertreiben.
Erfahren Sie, wie Sie sich dieses Mitgefühl und diese Liebe entgegenbringen können, wenn Sie sie am dringendsten brauchen: Wenn Sie vor Scham fast vergehen, wenn Sie vor Wut oder Angst die Fäuste ballen oder sich zu verletzlich fühlen, um ein weiteres Familientreffen zu überstehen.

In diesem wichtigen Buch erhellt Christopher Germer die unendliche Vielzahl von Synergien, die zwischen Achtsamkeit und Mitgefühl bestehen. Er zeigt effektive Wege auf, wie wir auf geschickte Weise sicherstellen können, dass wir uns selbst einladen, im liebevollen Herzen des Gewahrseins selbst zu verweilen.

Jon Kabat-Zinn

ISBN 978-3-86781-145-3

Online

Umfangreiche Informationen zu unseren Themen,
ausführliche Leseproben aller unserer Bücher,
einen versandkostenfreien Bestellservice und unseren
kostenlosen Newsletter. All das und mehr finden Sie auf
unserer Website.

www.arbor-verlag.de

Mehr von Mike Boxhall

www.arbor-verlag.de/mike-boxhall

Seminare

Die gemeinnützige *Arbor-Seminare gGmbH* organisiert
regelmäßig Seminare und Weiterbildungen mit führenden
Vertretern achtsamkeitsbasierter Verfahren. Nähere Informationen finden Sie unter:

www.arbor-seminare.de